«No hay ningún pasaje de las Escrituras al que haya recurrido con tanta frecuencia o tan desesperadamente como el Salmo 23. Me ha bendecido, guiado y fortalecido en mis temporadas más difíciles y en mis días más oscuros. Sin embargo, ni siquiera estoy cerca de dominar su contenido ni agotar sus riquezas, algo que quedó claro al leer esta guía encantadora, útil, desafiante y fácil de leer sobre uno de los tesoros más brillantes de la Biblia. Le doy mi más alta recomendación».

Tim Challies, autor de *Seasons of Sorrow*

«Leer este libro es sentarse bajo el mejor cuidado pastoral: el de un pastor que expone la Palabra de Dios con claridad, amor y deleite. La palabra brilla aquí, mientras nos tomamos el tiempo para seguir toda la figura del Salmo 23; fundamentalmente, resplandece el Salvador de las Escrituras, Jesús, el buen pastor, que está con nosotros durante todo el camino a casa».

Kathleen Nielson, autora; oradora

«*El Señor del Salmo 23* combina una lectura atenta del texto con una rica visión teológica, todo reunido para nutrir y consolar el corazón. Francamente te animo a leerlo y a encontrarte con el Señor de nuevo. Este libro fue un tónico para mi propia alma en un momento en el que me sentía abrumado».

Tim Chester, miembro sénior del cuerpo docente,
Crosslands Training

«Al leer el Salmo 23 a través de la lente de la unión con Cristo, el buen pastor encarnado, *El Señor del Salmo 23* brinda seguridad, consuelo y guía a aquellos de nosotros que preguntamos: "¿Puede el Señor preparar una mesa en el desierto?". Este es un estímulo maravilloso».

Michael Horton, J. Gresham Machen, profesor de Teología sistemática y Apologética, Westminster Seminary California

«El corazón de un pastor respira a través de este libro. Así como las propias palabras del salmo son conmovedoras y hermosas, en los labios de un pastor afectuoso estas meditaciones entibian el corazón y deleitan el alma. Me hicieron bien. Te harán bien».

Christopher Ash, escritor residente, Tyndale House, Cambridge

«Hay dos maneras de leer y estudiar las Escrituras. Una es como cortar camino por una autopista, atravesando grandes tramos, obteniendo solo una ojeada de la historia. La otra es como ordeñar una vaca: simplemente te sientas allí con un texto y sigues tirando y apretando. Esto último es lo que David Gibson hace con el Salmo 23: ¡lo "ordeña" maravillosamente, y tu copa rebosará!»

Dale Ralph Davis, expastor; exprofesor de Antiguo Testamento del Reformed Theological Seminary, Jackson

«El Salterio es el himnario de la Biblia. El pueblo de Dios fue instruido a venir a Su presencia con cánticos y a Sus atrios con alabanzas (Sal. 100:2,4). Al levantar sus corazones en canciones, también dieron voz a sus lamentos y lágrimas. Es probable que ningún salmo sea más amado y, en consecuencia, más maltratado que el veintitrés. En este breve libro, David Gibson desentraña la belleza y la profundidad detrás de estas palabras casi demasiado familiares para que podamos escucharlas y cantarlas de nuevo».

Harold Senkbeil, Director ejecutivo emérito de DOXOLOGY: The Lutheran Center for Spiritual Care and Counsel

«Un viejo texto se ha convertido en un nuevo amigo. Después de leer *El Señor del Salmo 23*, me he enamorado de este salmo de nuevo. David Gibson extrae sus bendiciones con una riqueza profunda y conmovedora. Al leer este pequeño volumen, la belleza del buen pastor brillará con un resplandor aún mayor en tu mente. ¡Qué gran pastor, compañero y anfitrión tenemos en Jesús! Y este libro saca a la luz esa verdad. Léelo, medita en él y ora sobre él. Hacerlo es un tiempo bien empleado, porque es un tiempo dedicado a disfrutar de las glorias de Cristo».

Jason Helopoulos, pastor principal, University Reformed Church, East Lansing, Michigan

«*El Señor del Salmo 23* es una joya magníficamente bien titulada y rara de la teología pastoral. David Gibson demuestra una gran habilidad para arrojar una nueva luz sobre estos versículos familiares, con una deliciosa felicidad de expresión, alimentada por una reflexión penetrante y perspicaz. Ampliamente investigado, con una atención detallada al texto y arraigado en la aplicación práctica, el libro llena nuestra visión con el Señor pastor mismo y nos lleva a adorarlo con renovado asombro y aprecio por Su gracia y misericordia del pacto. La lectura de esta sensible y cálida exposición pastoral ha sido un tónico espiritual refrescante para mi alma».

David Jackman, expresidente de The Proclamation Trust

«Justo cuando pensabas que sabías todo lo que había que saber sobre el Salmo 23, llega la zambullida profunda y pastoral de David Gibson en este hermoso salmo. Tu mente se agudizará y tu corazón se avivará mientras el autor te guía a través de cada versículo con precisión y ojo de pastor. Y con cada paso, nos señala a Jesús, el verdadero buen pastor, que vino a llevarnos a casa. ¡Me encantó!».

Jenny Salt, asociada al Ministerio de mujeres de Archdeacon, Diócesis Anglicana de Sydney; anfitriona de *Salt—Conversaciones con Jenny*

«La belleza del viaje de David Gibson a través del Salmo 23 es su enfoque sostenido en Dios. Cuando el Señor es tu pastor, tienes todo lo que necesitas. Su sabiduría te guiará. Su reposo te restaurará. Su presencia está contigo. Su fuerza te protegerá. Y Su bondad y misericordia te seguirán todo el camino a casa. Lee este libro, y tu alma se nutrirá con una nueva visión de todo lo que es tuyo en Cristo».

Colin Smith, pastor principal, The Orchard, Arlington Heights, Illinois; fundador y maestro de Biblia de *Open the Bible*

EL SEÑOR DEL SALMO 23

Otros libros escritos por David Gibson

Living Life Backward: How Ecclesiastes Teaches Us to Live in Light of the End [Vivir la vida al revés: Cómo Eclesiastés nos enseña a vivir a la luz del fin]

Radically Whole: Gospel Healing for the Divided Heart [Radicalmente completo: Sanidad del evangelio para el corazón dividido]

From Heaven He Came and Sought Her: Definite Atonement in Historical, Biblical, Theological, and Pastoral Perspective [Vino del cielo a buscarla: Expiación definitiva en perspectiva histórica, bíblica, teológica y pastoral], editado con Jonathan Gibson

DAVID GIBSON

EL SEÑOR DEL SALMO 23

JESÚS NUESTRO PASTOR, COMPAÑERO Y ANFITRIÓN

B&H
ESPAÑOL®
BRENTWOOD, TENNESSEE

El Señor del Salmo 23: Jesús nuestro Pastor, Compañero y Anfitrión

B&H Publishing Group
Brentwood TN, 37027

Diseño de portada: Jordan Singer, Crossway

Clasificación decimal Dewey: 223.2
Clasifíquese: BIBLIA. A. T. SALMO 23 / DIOS—ATRIBUTOS
/ JESUCRISTO—ATRIBUTOS

Los énfasis en las citas de las Escrituras son adiciones del autor.

ISBN: 979-8-3845-1343-8

Impreso en EE. UU.
1 2 3 4 5 * 28 27 26 25

Para Drew Tulloch

En Él tengo una ofrenda, un altar, un templo, un sacerdote,
un sol, un escudo, un Salvador, un Pastor, un escondite,
un lugar de descanso, alimento, medicina, riquezas, honor,
sabiduría, justicia, santidad, en una palabra, todo.

JOHN NEWTON

Contenido

Prólogo

DE VEZ EN CUANDO, EN LOS SERVICIOS DE LA CAPILLA del seminario donde enseñaba, uno de los estudiantes presentaba al predicador invitado con las cuatro palabras mágicas: «Él es mi pastor». Hay pocas descripciones que los pastores asistentes del rebaño de Cristo valoren más que estas simples palabras que expresan el vínculo especial de afecto que existe entre el pastor y el pueblo. Nunca he tenido la oportunidad de usar estas palabras, es decir, hasta ahora. Porque David Gibson no es solo mi amigo; él es mi pastor. Cuando hayas terminado de leer estas páginas, te darás cuenta de por qué considero un gran privilegio encontrarme bajo su ministerio.

El Señor del Salmo 23 nos lleva a través de los seis versículos de lo que, al menos de donde yo vengo es, por mucho, el salmo más conocido y cantado con más frecuencia de la Biblia. En los días en que los himnarios eran la publicación estándar de las iglesias, en muchos lugares, hasta en las capillas funerarias, los libros casi se abrían solos en el Salmo 23. Conozco ese salmo casi desde que aprendí a hablar, o al menos desde que una tía bien intencionada me regaló una versión infantil en forma de libro de cuento. Sus palabras (especialmente cantadas con la melodía «Crimond») han sido la banda sonora de mi vida. Sin embargo, no es del todo culpa de mi tía que no siempre lo haya apreciado. Donde su bondadoso regalo me engañó fue en la forma en que su portada representaba a David, el salmista. Allí estaba él sentado junto a una roca, un joven adolescente de tez resplandeciente, rostro hermoso, ropa impecable y un cayado de pastor sin mancha. Este David era exactamente el tipo de chico que yo no era y que nunca sería. La familiaridad con esta imagen no engendró desprecio, sino que nubló mi mente a lo que las generaciones de creyentes habían encontrado en este gran salmo sustentador de vida y nutritivo para el alma.

Sospecho que otros comparten mi experiencia. Ahora no puedo recordar exactamente cuándo cambió todo esto; pero sé lo que causó el cambio y me abrió los ojos a la verdad obvia que yace en la superficie del texto. Lo que se necesitaba era experimentar cierto grado de lo que David describe en el versículo 4 como tinieblas profundas, «el valle de sombra de muerte». Entonces el fantasma de la imagen del salmista de mi infancia sería exorcizado. Entonces quedaría claro que este salmo no es el producto de un pastorcillo que no ha sido probado y que reflexiona sobre la manera en que Dios es como él, sino el testimonio de alguien que lleva las cicatrices de las pruebas, los fracasos, la pérdida y, sí, los pecados de su juventud que lo llevaron dos salmos más tarde a pedirle a Dios que no los recordara (Sal. 25:7). Este David había estado en el valle de las tinieblas; había probado las provisiones de Dios incluso cuando, de hecho, especialmente cuando estaba rodeado de sus enemigos. Fue entonces cuando aprendió lo que su antepasado Jacob quiso decir cuando habló del Señor como «el Dios que ha sido mi pastor desde el día que nací hasta hoy» (Gén. 48:15, NVI).

Probablemente tengas este libro en tus manos porque te preguntas (como yo lo hice) *por qué* este salmo ha significado tanto para tantos cristianos, o por qué ha significado tanto para ti personalmente, y estás ansioso por descubrir más de sus riquezas. En cualquier caso, estás poniendo tus manos, y lo que es más importante, tu mente y tu corazón, en las manos seguras de David Gibson. Su ministerio combina la cualidad del intelecto y la perspicacia que lo convierten en un destacado expositor de las Escrituras (más capaz de lo que él mismo cree), con el corazón y la devoción de un pastor que ama a la iglesia a la que sirve. Aquí Gibson, en *El Señor del Salmo 23*, comparte con todos nosotros el alimento que primero ha nutrido a su propio rebaño. Y si digo que el contenido de este libro es típico de la calidad de su ministerio (no solo un «pico» inusual en él), espero que esto te asegure la integridad y confiabilidad de lo que escribe aquí. Estoy seguro de que, como muchos otros que me han dicho lo mucho que han valorado los otros libros de David Gibson, querrás leer más de él en el futuro. Pero, primero, ¡estás a punto de apreciar y disfrutar de este!

Sinclair B. Ferguson

Una nota sobre el canto del Salmo 23

EL SALMO 23 ES UN CANTO SUPERLATIVO de firme confianza en Dios. Sus palabras de alabanza irradian deleite en el Señor mientras nos hacen adorarlo por lo que Él es y por lo que Él hace. La belleza poética de su sincera adoración significa, por supuesto, que hay tantas versiones diferentes del Salmo 23 en himnos y canciones como interpretaciones de él en comentarios, sermones y otros textos teológicos.

Este libro se originó en una serie de tres sermones predicados a la comunidad de *Trinity Church* en Aberdeen, y en nuestros servicios de adoración que seguían a cada sermón, en los que cantábamos una versión diferente del salmo. Estos se incluyen al final de cada una de las tres partes de este libro.

El primer himno, escrito por Christopher Idle en 1977, es «The Lord My Shepherd Rules My Life» [El Señor mi pastor gobierna mi vida]. Idle lo escribió, dijo, «para proporcionar una versión del Salmo 23 en una métrica familiar que evitaría el arcaísmo y las inversiones de la versión establecida del siglo XVI del Salterio escocés». Buscó capturar el punto de vista bíblico de un pastor, cuyo papel es gobernar en lugar de consentir y mimar a sus ovejas. Su melodía elegida, «Brother James' Air», fue compuesta por James Leith Macbeth Bain (ca. 1840-1925), quien nació en Perthshire, Escocia. Bain era un sanador, místico y poeta conocido por sus amigos como el hermano James. La melodía tiene doce compases, por lo que requiere que se repitan los dos últimos versos de cada estrofa.

El siguiente es un himno del Salterio escocés de 1650, «The Lord's My Shepherd, I'll Not Want» [El Señor es mi pastor, nada me faltará]. Esta es probablemente la más conocida de todas las versiones rítmicas de los Salmos. El texto fue escrito por el puritano inglés William Whittingham (1524-1579), un traductor de la Biblia de Ginebra que se casó con la hermana de Juan Calvino, y sucedió a John Knox como pastor de la congregación de habla inglesa en Ginebra. Whittingham fue decano de Durham desde 1563 hasta su muerte. El himno está en un ritmo común, por lo que muchas melodías se ajustan a su texto. En los últimos años, sin embargo, la melodía «Crimond» se ha convertido en la favorita, con «Wiltshire» en segundo lugar. «Crimond» fue compuesta por Jessie Seymour Irvine, cuyo padre fue en un tiempo ministro en el pueblo de Crimond en Aberdeenshire. La reina Isabel escuchó la melodía en la iglesia Crathie, donde la familia real rinde culto cuando se hospeda en el castillo de Balmoral. Ella la eligió para su boda en la Abadía de Westminster en 1947, y se volvió a cantar allí en su funeral de Estado en 2022, cuando la segunda era isabelina llegaba a su fin.

La tercera versión incluida aquí es mi favorita: «The King of Love My Shepherd Is» [El Rey de amor es mi pastor]. Esta paráfrasis fue escrita por Henry Williams Baker (1821-1877), vicario de la Iglesia Anglicana. Fue editor en jefe del icónico himnario *Himnos Antiguos y Modernos*, para el que escribió varios textos. John Bacchus Dykes fue el editor musical del himnario, y escribió específicamente la hermosa melodía *«Dominus regit me»* (la frase inicial del salmo en latín). La melodía irlandesa «St. Columba» se encuentra en algunos himnarios y se adapta muy bien al texto. El himno tiene seis versos correspondientes a los seis versículos del salmo. Hay imágenes del Nuevo Testamento: el «rescate» es de Mateo 20:28, y el «agua viva» de Juan 4:10; y el cuarto verso dice: «Tu cruz delante para guiarme». Hay otras ricas alusiones al Señor Jesús en este himno, a las que nos referiremos más adelante en el libro. La elección de estas canciones sobre otras no denigra las muchas interpretaciones alternativas del Salmo 23 con música y versos. Más bien, estas se presentan aquí simplemente para ayudarte en la adoración mientras lees este libro y para agregar aún más capas, una idea que encontrarás mucho en esta exposición, a los tesoros contenidos en el salmo.

La combinación de palabras de discurso en el sermón y palabras de respuesta en el canto y la oración es parte del poderoso ritmo de la adoración comunitaria. Nos permite percibir la misma realidad desde diferentes ángulos y comprometernos con la realidad de quién es Dios con todo nuestro ser. Que las palabras de estos himnos y las palabras de este libro se combinen para mover tu corazón, alma, mente y fuerza para amar más a Cristo.

> El teólogo y el escritor de himnos atraviesan día a día el mismo país, el reino de nuestro Señor. Caminan por los mismos caminos; ven los mismos objetos; pero difieren en sus métodos de observación y en sus informes de lo que ven. En la medida en que la teología es una ciencia, el teólogo se ocupa simplemente de la topografía del país; explora, mide, expone. En la medida en que la escritura de himnos es un arte, el escritor no se ocupa de la topografía sino del paisaje: ve, siente y canta. La diferencia de método se hace inevitable por la variación de temperamento de los dos hombres, la diversidad de dones. Pero ambos métodos son tan valiosos como inevitables. Ninguno de los dos hombres es suficiente

en sí mismo ni como observador ni como reportero. Es la topografía y el paisaje juntos lo que hace que el país sea lo que es. Es la didáctica y la poesía juntas las que pueden acercarse a la realidad del reino espiritual.[1]

1 Louis F. Benson, *The Hymnody of the Christian Church* (Richmond, VA: John Knox, 1956), 25.

El Salmo veintitrés

Jehová es mi pastor

Salmo de David

Jehová es mi pastor; nada me faltará.
En lugares de delicados pastos me hará descansar;
Juntos a aguas de reposo[1] me pastoreará
Confortará mi alma;
Me guiará por sendas de justicia[2]
por amor de su nombre.

Aunque ande en valle de sombra de muerte,[3]
no temeré mal alguno,
porque tú estarás conmigo;
tu vara y tu cayado me infundirán aliento.
Aderezas mesa delante de mí en presencia de mis
angustiadores;

1 Hebreo *junto a aguas de descanso.*
2 O *en caminos correctos.*
3 O *el valle de gran oscuridad.*

Unges mi cabeza con aceite;
  mi copa está rebosando.
Ciertamente[4] el bien y la misericordia[5] me seguirán
  todos los días de mi vida,
Y en la casa de Jehová moraré[6] por largos días[7].

4 O *solo.*
5 O *amor inalterable.*
6 O *volveré a morar.*
7 Hebreo *largura de días.*

Introducción

ALGUNOS TEXTOS DE LAS SAGRADAS ESCRITURAS son difíciles de predicar o de escribir sobre ellos, no porque sean especialmente difíciles de entender para el pastor o el teólogo, sino porque ya son profundamente preciosos para el oyente y el lector.

Sospecho que esto es más cierto del Salmo 23 que de cualquier otra parte de la Biblia.

Vine a predicar sobre este salmo a la gente de mi propia iglesia después de visitar a un querido amigo de la congregación que fue hospitalizado para una cirugía mayor que le cambió la vida. Después de su operación, durante varias semanas mi amigo fue capaz de leer solo porciones muy pequeñas de texto. Un día me mostró su ejemplar del libro de W. Phillip Keller, *A Shepherd Looks at Psalm 23* [Miradas de un pastor al Salmo 23]. Keller lee las frases individuales del salmo a través de sus ojos de pastor y pasa cada palabra por sus manos de pastor; el resultado es una lectura reflexiva e íntima del Salmo 23.[1] Discutimos el libro y por qué era útil, y mientras caminaba a casa ese día, se me ocurrió la idea de

1 W. Phillip Keller, *Miradas de un pastor al Salmo 23* (Grand Rapids, MI: Zondervan, 1970).

tres sermones sobre el Salmo 23. Hice un poco de lectura y estudio inicial, describí la serie de sermones de una manera que parecía tener sentido, e incluso obtuve una imagen de un valle profundo y oscuro para anunciar la serie de sermones a nuestra congregación. ¡Seguro que les abriría el apetito! Con orgullo le mostré mi obra de arte a mi amigo la próxima vez que visité el hospital.

—No —dijo casi de inmediato—. ¡Esa ladera de tu foto es tan suave y delicada que podrías rodar hacia abajo haciendo piruetas! En mi mente, «el valle de sombra de muerte» se ve y se siente como el valle en *El Progreso del Peregrino*.

Llegaremos a ese valle más adelante en este libro, y a la vívida descripción que John Bunyan hace de él. Sin duda, Bunyan me ayudó a entenderlo mucho mejor, y espero poder hacerle justicia aquí. Pero mi amigo reveló algo que podría suceder mientras lees estas páginas. El Salmo 23 nos ha consolado a tantos de nosotros durante los momentos más dolorosos y difíciles de nuestras vidas que tener a alguien más que lo analice línea por línea y te diga lo que significa, cuando ya has sentido lo que significa de una manera tan preciosa, puede ser una experiencia profundamente decepcionante. Si realmente has vivido en el valle, no necesitas que yo trate de describirlo. Eso se siente como quitarte de las manos algo bellamente bien usado y exquisitamente cómodo, jugar con él, deformarlo y devolvértelo ahora irreconocible.

Espero y oro para que tu experiencia no sea así. Mi objetivo es que esta exposición sea como volver a visitar a un viejo amigo, con la familiaridad y la facilidad de tal encuentro que ofrece una puerta de entrada para aprender cosas nuevas e inesperadas que no restan valor de ninguna manera a lo que los dos ya tienen sino que, más bien, solo sirven para agregar nuevas capas de profundidad.

Las riquezas de este salmo son inagotables. Veremos que incluso las pequeñas frases que contiene son, para usar la hermosa frase de

Martín Lutero, «una pequeña Biblia».[2] Estos seis breves versículos son una ventana a los sesenta y seis libros de las Escrituras, y nos llevan a través de toda la historia de la redención de una manera elevada, majestuosa y también personal e íntima. En las páginas que siguen, simplemente quiero recorrer cada frase del salmo y, lo mejor que pueda, retratar la belleza de su significado para nosotros. El caminar no será lineal, como una línea recta que traza el argumento bien compuesto de una epístola. Más bien, este viaje será más sinuoso e implicará volver a visitar algunas partes del salmo a la luz de sus otras partes y, de hecho, de otras porciones de la Biblia.

Por un lado, «este salmo es tan claro, que no hay necesidad real de comentarlo»;[3] por otra parte, contiene numerosas palabras e ideas que son «abiertas» y regularmente «poco definidas».[4] Confío en que en lo que leas aquí no pierdas de vista esa primera verdad sobre la claridad del Salmo 23, y que tu experiencia del Señor Jesús como pastor solo se hará más rica y más dulce. Esa meta también puede lograrse debido a la segunda verdad acerca de la naturaleza «abierta» del salmo. No hay que temer esta realidad. Verás que la versión Reina Valera 1960, con la que estoy trabajando en este libro, y en la cual está impreso el salmo en su totalidad al principio, contiene no menos de siete notas a pie de página sobre cuestiones de traducción, y nos ocuparemos de muchos asuntos como este. Por lo tanto, simplemente leyendo esta versión del salmo, ya nos estamos embarcando en un camino para encontrar más tesoros de los que se ven a simple vista en una primera lectura. Esta combinación de

2 Citado en William S. Plumer, *Psalms: A Critical and Expository Commentary with Doctrinal and Practical Remarks* (Edimburgo: Banner of Truth, 1975), 7.

3 David Firth, *Hear, O Lord: A Spirituality of the Psalms* (Calver, UK: Cliff College Publishing, 2005), 36, citado en Richard S. Briggs, *The Lord Is My Shepherd: Psalm 23 for the Life of the Church* (Grand Rapids, MI: Baker Academic, 2021), 65.

4 Briggs, *The Lord Is My Shepherd*, 66, 99.

verdades sobre el Salmo 23 es parte de la razón por la que este salmo es amado universalmente y también por la que no sondearemos rápidamente todas las profundidades que contiene.

Voy a guiarnos a través del Salmo 23 con la ayuda del bosquejo incisivo de Alec Motyer, que está escondido, casi oscuramente, en *The New Bible Commentary* [Nuevo Comentario Bíblico]. En agradecimiento por su destacada labor como comentarista, he recuperado el perfil del salmo de Motyer, que ha guiado mi lectura en tres viñetas: la oveja y el pastor (vv. 1-3), el viajero y el compañero (v. 4), y el huésped y el anfitrión (vv. 5-6). Como parte de esto, Motyer observa que cada una de estas secciones tiene una confesión personal en su corazón: «nada me faltará» (v. 1), «no temeré» (v. 4) y «moraré» (v. 6), con la razón de estas tres seguras afirmaciones bellamente explicadas en cada sección.[5]

Si estas porciones del salmo constituyen su estructura esquelética, entonces la columna vertebral del salmo es la relación íntima y profundamente personal entre su autor y la persona que describe. Esto se expresa como una relación «Él-yo» en las primeras líneas, que es lo suficientemente cercana, pero luego se convierte de manera más hermosa y sin problemas en el «Tú-yo» en el valle de sombra de muerte. Como dice Motyer: «¡Cuanto más oscura es la sombra, más cerca está el Señor!».[6] A partir de ese momento, el salmo solo se dirige directamente al Señor como buen pastor, compañero íntimo y anfitrión generoso.

Esto significa que este salmo está en nuestras Biblias como una representación exquisita del Señor Jesucristo. Más que eso, es una canción de alabanza personal que fluye de lo que significa

5 Alec Motyer, *Nuevo Comentario Bíblico* (Leicester, UK: Inter-Varsity Press, 1994), 500. Así también Susan Gillingham, *Psalms through the Centuries: A Reception History Commentary on Psalms 1–72*, vol. 2 (West Sussex, UK: Wiley Blackwell, 2018), 145.

6 Motyer, *Nuevo Comentario Bíblico*, 500.

conocerlo y adorarlo como si *me* perteneciera personalmente. Así que, en estas páginas, con palabras vacilantes, tengo un objetivo simple: mostrarte en las imágenes, la belleza poética y los temas del Salmo 23 cómo el Señor Jesús asume una responsabilidad completa y absoluta por aquellos que están bajo Su cuidado. Creo que este es el objetivo de las imágenes de pastoreo, que se mezclan con las imágenes de los anfitriones. En el antiguo Cercano Oriente, los pastores eran total y absolutamente responsables de sus ovejas, y los anfitriones eran total y absolutamente responsables de sus huéspedes.[7] Esta es la razón por la que las palabras de este salmo han nutrido al pueblo de Dios desde que fueron escritas. De principio a fin, el lenguaje que describe a Dios es activo, intenso, causativo: Él *hace*, *pastorea*, *conforta*, *guía*, está *conmigo*, *adereza*, *unge*. A través de la puerta de solo seis versículos cortos, entramos en un mundo de la belleza más impresionante por causa de quien nos encontramos dentro del salmo y por lo que Él hace por nosotros mientras caminamos por la vida con Él. El Salmo 23 enseña que si pertenecemos a Cristo, estamos en un mundo de iniciativa activa, de fortaleza, de liderazgo y protección; es una relación del mejor y más seguro cuidado intencional.[8]

A lo largo de la historia de la iglesia, muchos de nuestros teólogos y pastores más queridos han visto que lo que Jesús nos ofrece es tan completo precisamente porque lo que nos da es a Él mismo. Él nos da todo lo que necesitamos porque Él mismo es todo lo que necesitamos. La escala de Su suficiencia ha dibujado algunas de las líneas más hermosas que tenemos en la teología cristiana. Consideremos, por ejemplo, la descripción de Juan Calvino de todo lo

7 Debo este punto a mi hermano Jonathan Gibson en «Comfort for All of Life», un sermón sobre el Sal. 23 predicado en Cambridge Presbyterian Church, 28 de febrero de 2016, https:// www.cambridgepres.org.uk/.

8 Gibson, «Comfort for All of Life».

que Jesús es para nosotros, tanto en Su persona como en la obra que realiza:

> Vemos que toda nuestra salvación y todas sus partes son comprendidas en Cristo. [...] Si buscamos la fuerza, está en Su dominio; si la pureza, en Su concepción; si mansedumbre, aparece en Su nacimiento. [...] Si buscamos la redención, está en Su pasión; si la absolución, en Su condena; si la remisión de la maldición, en Su cruz; si satisfacción, en Su sacrificio; si la purificación, en Su sangre; si la reconciliación, en Su descenso a los infiernos; si mortificación de la carne, en Su sepulcro; si novedad de vida, en Su resurrección; si la inmortalidad, en la misma; si herencia del Reino de los Cielos, en Su entrada en el cielo; si protección, si seguridad, si provisión abundante de todas las bendiciones, en Su Reino; si tranquila expectativa de juicio, en el poder que se le ha dado para juzgar. En resumen, puesto que abunda en Él una rica reserva de toda clase de bienes, bebamos hasta saciarnos de esta fuente, y de ninguna otra.[9]

Las palabras de Calvino alcanzan estas alturas elocuentes debido a su profunda comprensión de la doctrina de la unión con Cristo: todo lo que es de Cristo se convierte en nuestro a través de nuestra unión de fe con Él.

Aunque la gramática del Salmo 23 es diferente de esta, quiero mostrarte que la cosmovisión teológica del Salmo 23 no lo es. De hecho, es en las imágenes del salmo (oveja con un pastor, viajero con un compañero, huésped con un anfitrión) que vemos las resonancias tangibles y pictóricas de la unión con nuestro Salvador.

9 Juan Calvino, *Institución de la religión cristiana*, ed. John T. McNeill, trad. Ford Lewis Battles (Filadelfia: Westminster, 1960), 2.16.19.

Tu unión a Cristo no es una doctrina que flota en algún lugar del éter teológico abstracto, ni está confinada a las páginas de teologías sistemáticas polvorientas. Más bien, es la esencia misma de lo que significa ser cristiano y tener al Señor Jesús como *tu* pastor. Le perteneces a Él, completamente, absolutamente, y debido a quién es Él, tienes todo lo que necesitas.

Mi sencilla oración para este libro, en las palabras del himno de alabanza al Señor Jesús de William Gadsby, es que a través de sus páginas tu «alma pueda amarlo y alabarlo más».

> Honores inmortales descansan sobre la cabeza de Jesús,
> mi Dios, mi porción y mi pan viviente;
> en Él vivo, sobre Él echo mi cuidado;
> Él salva de la muerte, la destrucción y la desesperación.
>
> Él es mi refugio en cada profunda aflicción,
> el Señor, mi fortaleza y mi gloriosa justicia;
> a través de inundaciones y llamas, me conduce a salvo
> y diariamente da a conocer Su bondad soberana.
>
> Él suplirá con abundancia todas mis necesidades,
> y Su misericordia no me dejará morir jamás;
> en Él habita un tesoro todo divino
> y una gracia incomparable ha hecho mío ese tesoro.
>
> ¡Oh, que mi alma pudiera amarlo y alabarlo más,
> Sus bellezas trazar, Su majestad adorar,
> vivir cerca de Su corazón, descansar en Su amor cada día,
> escuchar Su querida voz y obedecer toda Su voluntad.[10]

10 Letra de William Gadsby © de esta versión: Praise Trust / www.praise.org.uk. Usada con permiso.

PARTE 1

LA OVEJA Y EL PASTOR

Jehová es mi pastor; nada me faltará.
En lugares de delicados pastos me hará descansar;
Juntos a aguas de reposo me pastoreará.
Confortará mi alma;
Me guiará por sendas de justicia
por amor de su nombre.

SALMO 23:1-3

CHARLES SPURGEON LLAMÓ al Salmo 23 «la perla de los Salmos».[1] Todos sabemos por qué.

Aquellos que conocen y aman al Señor Jesús encuentran que «el resplandor suave y puro de este salmo deleita a todos. [...] Su piedad y su poesía son iguales, su dulzura y su espiritualidad son insuperables».[2] En diferentes versiones de la Biblia, a través de variadas versiones en canciones e himnos, las palabras del Salmo 23 están incrustadas en la conciencia colectiva de la iglesia cristiana en todo el mundo. Atanasio dijo: «La mayor parte de las Escrituras nos hablan *a* nosotros; los salmos hablan *por* nosotros».[3] Si los salmos son preciosos, hablando el lenguaje de la experiencia personal del corazón de Dios, el Salmo 23 es la perla porque combina una hermosa imagen de quién es Dios con una hermosa imagen de lo que Dios hace, y esto sucede así todo el tiempo simplemente asumiendo que este matrimonio de la persona divina y los beneficios celestiales es la experiencia personal de cada creyente: «El Señor es *mi* pastor» (v. 1).

En la parte 1 de este libro consideraremos los primeros tres versículos del Salmo 23. Vamos a ver tres cosas hermosas sobre nuestro pastor: quién es, qué provee y a dónde nos guía.

1 Charles Spurgeon, *The Treasury of David*, 3 vols. (Peabody, MA: Hendrickson, 1988), 1:351

2 Spurgeon, *The Treasury of David*, 1:351.

3 Atanasio, *Carta a Marcelino*, parafraseado en John Goldingay, Psalms, vol. 1, Psalms 1–41 (Grand Rapids, MI: Baker Academic, 2006), 23 (énfasis agregado).

1

Quién es Él

MUCHOS LECTORES, COMENTARISTAS y predicadores se mueven tan rápidamente a las imágenes principales del Salmo 23 —ovejas y pastor, pastos y agua, y la cadencia poética del valle de sombra de muerte— que ellos, y nosotros, no nos detenemos ante la impresionante belleza de la frase inicial.

Hay solo cuatro palabras hebreas en el Salmo 23:1, traducidas como «Jehová es mi pastor; nada me faltará», y en mi opinión, su aspecto más asombroso se pasa por alto casi universalmente. Parece que nuestros ojos y nuestra sensibilidad espiritual están entrenados para ser atraídos más a la imagen pastoral de lo que Dios hace al pastorearnos que a la simple verdad de *quién* es el que está pastoreando. Pero la identidad del pastor no es poca cosa.

Él es «Jehová». De todas las hermosas palabras del salmo, lo que David está afirmando con esta primera palabra es lo más asombroso.

Una cosa es tener un pastor. Eso es maravilloso. Pero todo el mundo tiene pastores. «El hecho es que todos somos seguidores, arrastrados por una corriente de circunstancias, experiencias, ideas y personas. Incluso nuestros mejores intentos de nadar contra la corriente son extrañamente conformistas».[1] Cada uno de nosotros está siguiendo a alguien o algo todo el tiempo; dependemos de alguien o algo más que de nosotros mismos para mantenernos a salvo y protegernos y para brindarnos el consuelo que necesitamos para enfrentar la vida sin temor.

Sin embargo, que se nos diga aquí que es «Jehová» quien nos pastorea debería detenernos en seco. Como dice W. Phillip Keller: «Nuestra visión de Él es a menudo demasiado pequeña, demasiado estrecha, demasiado provinciana, demasiado humana».[2] Al pasar tan rápidamente por alto la importancia del nombre del pastor en el versículo 1, perdemos la belleza más profunda del versículo de dos maneras: atenuamos el esplendor de lo que significa para este ser, increíblemente, *un* pastor; y perdemos el encanto de lo que significa para Él ser *mi* pastor.

Notarás que, en algunas versiones, en el versículo 1 dice «El Señor», y allí «Señor» está en mayúsculas pequeñas (versalitas). El rey David llama aquí a Dios por Su nombre personal. En hebreo consta de cuatro letras transliteradas como YHWH, y en español a menudo se escribe como *Jehová* o *Yahvéh*. Este es el nombre de pacto de Dios, el nombre que Dios le dijo a Moisés inmediatamente después del dramático encuentro con él en la zarza ardiente de Éxodo 3. Lo que Moisés vio allí era parte de la ilustración visual de lo que significa que Dios sea Dios (la otra parte de la ilustración son los eventos del éxodo en sí, que también llenarían el contenido del nombre divino). Moisés le preguntó a Dios qué debía decir al pueblo de Israel si le preguntaban por el nombre del Dios que lo había enviado a ellos (v. 13).

1 Mike Cain, *Real Life Jesus: Meaning, Freedom, Purpose* (Nottingham, UK: Inter-Varsity Press, 2008), 142.

2 W. Phillip Keller, *A Shepherd Looks at Psalm 23* (Grand Rapids, MI: Zondervan, 1970), 2. Otra buena excepción al sorprendente descuido de este detalle es David B. Calhoun, *A Sheep Remembers* (Edimburgo: Banner of Truth, 2021), 8–11.

«Y respondió Dios a Moisés: "YO SOY EL QUE SOY". Y dijo: Así dirás a los hijos de Israel: YO SOY me envió a vosotros» (v. 14).

Esta inusual presentación de Dios, tanto en imagen (una zarza ardiente que no se consumía) como en palabras («Yo soy el que soy»), significa varias cosas importantes para nosotros. Significa que, como señalan muchos comentaristas, Dios es profundamente misterioso. «Al darnos su nombre, Dios nos permite saber quién es Él. Pero el nombre de Dios es tan difícil de comprender, tan inescrutable, que nos obliga a admitir que hay algunas cosas acerca de Dios que nunca entenderemos».[3] Por lo tanto, ya tenemos que añadir algo a la imagen fácilmente comprensible y muy identificable de Dios como pastor: el que es mi pastor es alguien a quien, de hecho, nunca podré entender plenamente.

Esto adquiere un significado aún mayor cuando consideramos las palabras de Éxodo 3 en relación con la imagen de ese pasaje. Mientras los eruditos debaten cuál es la mejor traducción posible de «YO SOY EL QUE SOY», si pudiera o debería traducirse como «Yo soy el que seré» o «Yo seré quien seré», lo que está claro es que esta traducción inusual del verbo hebreo que significa «ser» apunta a «Uno que permanece constante porque es independiente».[4] Aquí está Dios diciéndole a Moisés que ser Dios es ser completa y absolutamente diferente de nosotros. Él es quien es sin nosotros. Él es eternamente quien es desde antes de que nosotros fuéramos hasta después de que hayamos sido. Y Él es quien es a pesar de las circunstancias de nuestra vida.

Cuando llegué a ser yo, debí el origen de mi vida a mis padres y el mantenimiento de mi vida a los recursos del mundo natural

3 Philip G. Ryken, *Exodus: Saved for God's Glory*, Preach the Word (Wheaton, IL: Crossway, 2015), 86.

4 Joel R. Beeke y Paul M. Smalley, *Reformed Systematic Theology*, vol. 1, *Revelation and God* (Wheaton, IL: Crossway, 2019), 554.

que me rodeaba. Nunca he sido capaz de decir que simplemente «soy», o incluso que simplemente «seré», porque la esencia misma del ser humano es ser una criatura dependiente. Pero Dios le está revelando a Moisés que Su nombre «Jehová» significa que ninguna de esas cosas acerca de mí es verdad de Él. Dios es quien es simplemente en virtud de ser Él mismo. Su existencia es *de* sí mismo y *para* sí mismo, y no hay nada en Él que se derive de alguna manera de alguien más. Dios es absolutamente autosuficiente, y Él es tu pastor.

Tal vez necesitemos la imagen de la zarza ardiente para sellar la importancia de todo esto. Es cierto, por supuesto, que el fuego simboliza la santidad de Dios, y esto es innegablemente un aspecto principal de lo que Moisés encuentra al presenciar las llamas: «No te acerques; quita tu calzado de tus pies, porque el lugar en que tú estás, tierra santa es» (Ex. 3:5). Creo que esta faceta de lo que significa nombrar a «Jehová» como nuestro pastor también es muy importante en el Salmo 23, como veremos cuando lleguemos al versículo 3.

Sin embargo, el punto principal de la zarza que arde, pero no es consumida por el fuego es precisamente ilustrar lo que hemos visto anteriormente acerca de la naturaleza autoexistente de Dios. Como dice Sinclair Ferguson: «El fuego que estaba en la zarza no dependía de la zarza para que su energía ardiera. Era un fuego purísimo, un fuego que no era más que fuego, un fuego que no era un compuesto de otras fuentes de energía, sino que tenía su fuente de energía en sí mismo».[5] A Moisés se le dio una vívida ayuda visual para enseñarle que el Señor es el Dios que «tiene toda vida, gloria, bondad, bienaventuranza, en sí mismo y por sí mismo; y es el único en sí

5 Sinclair Ferguson, extracto de sermón en Timothy Brindle, «Self-Sufficiency», (*bonus*) pista 14 en Shai Linne, *The Attributes of God*, Lamp Mode Recordings, 2011.

mismo y para sí mismo todo suficiente, sin necesidad de ninguna de las criaturas que ha hecho».[6]

A menudo le digo a la familia de la iglesia Trinity que lo mejor que puedo darles desde el púlpito es una visión más clara de Dios mismo y que lo más grande que pueden tener en la vida es más de Dios mismo. Siempre queremos una religión práctica: hábitos efectivos, disciplinas diarias, arreglos de estilo de vida, y todo esto puede ser maravilloso si está lleno de la gracia del evangelio, pero la fuente de la que fluyen es Dios mismo. Quienquiera que seas, y sea lo que sea lo que estés experimentando hoy mientras lees estas líneas, no hay nada mejor en todo el mundo que saber que el pastor al que perteneces es el Señor de la zarza ardiente que reveló Su nombre a Moisés.

Este punto es tan rico que vale la pena tomarse el tiempo para detenerse en él. Consideremos estas palabras de Alexander Maclaren:

> El fuego que arde y no se extingue, que no tiene tendencia a la destrucción en su propia energía, y que no es consumido por su propia actividad, es sin duda un símbolo del Ser Único, cuyo ser deriva su ley y su fuente de sí mismo, que solo puede decir: «Yo soy el que soy», la ley de Su naturaleza, el fundamento de Su ser, las únicas condiciones de Su existencia están, por así decirlo, encerradas dentro de los límites de Su propia naturaleza. Tú y yo tenemos que decir: «Yo soy aquello en lo que me he convertido» o «Yo soy aquello para lo que nací», o «Yo soy lo que las circunstancias me han hecho». Él dijo: «Yo soy el que soy». Todas las demás criaturas son eslabones; este es el enganche del que cuelgan todos. Todo otro ser es derivado y, por lo tanto, limitado y cambiante; este ser no proviene de

6 Confesión de fe de Westminster 2.2.

> nada, es absoluto, autodependiente y, por lo tanto, inalterable para siempre. Porque vivimos, morimos. En el vivir, se está llevando a cabo el proceso del cual la muerte es el fin. Pero Dios vive para siempre. Una llama que no se apaga; por lo tanto, Sus recursos son inagotables, Su poder infatigable. No necesita descanso para recuperar la energía gastada. Sus regalos no disminuyen la cantidad que tiene para dar. Él da y no es más pobre. Trabaja y nunca se cansa. Opera sin gastar; Él ama y ama para siempre. Y a través de los siglos, el fuego sigue ardiendo, sin consumirse ni deteriorarse.[7]

Este es el punto de este comienzo serpenteante de nuestro estudio del Salmo 23: aquel a quien necesitas para pastorearte no te necesita ni necesita ser pastoreado Él mismo como Él se da a sí mismo para pastorearte. Él te pastorea de Su plenitud eternamente ilimitable, y nunca es más pobre por ello.

Mira cuán necesitado está David en el Salmo 23. Si el Señor es su pastor, entonces, por supuesto, se está retratando a sí mismo como una oveja en todas las cosas que necesita. Requiere alimento, descanso, agua, guía, refugio, consuelo, vivienda, ayuda. Lo que sea, David lo necesita. Y aquí está la pregunta que hace el Salmo 23: ¿Puedes ver quién le da a David todo lo que necesita? Es el Dios que no necesita nada ni a nadie. El que esencialmente le dice a Su pueblo: «"Yo soy el que soy". Antes de que tú fueras, Yo era, y después de que tú ya no seas, Yo seré. Yo soy el primero, Yo soy el último, Yo soy un Dios fuera del tiempo antes de que el tiempo comenzara». Así que, en este salmo, David viene a tu lado mientras lees y pone su fuerte cayado de pastor alrededor de tu hombro y

7 Alexander Maclaren, *Expositions of Holy Scripture*, 11 vols. (Grand Rapids, MI: Eerdmans, 1952–1959), 1:23–24; citado en Ryken, *Exudes*, 87–88.

te empuja hacia adentro para que puedas escucharlo decirte que el Dios del cielo puede satisfacer todas tus necesidades precisamente porque Él mismo es el que no tiene necesidad de nada.

Aquí es donde la siguiente frase del versículo 1 (a la que llegaremos en un momento) recibe todo su significado: «Nada me faltará». A pesar de mis mejores intenciones y mis más fervientes deseos, no soy el tipo de padre cuyos hijos son capaces de decir, todos los días, por el resto de sus vidas: «Nada me faltará». Puede que los ame mucho y ore por ellos siempre y anhele lo mejor para ellos, pero soy un hombre finito y pecador con recursos limitados en todas las áreas. No puedo suplir todas sus necesidades mientras los pastoreo a través de la vida. Pero Dios no es así con nosotros. Una cosa es tener un pastor, pero es algo absolutamente asombroso tener como pastor a Aquel que es la fuerza misma, que nunca se cansa, nunca duerme y que nunca necesita protección. En palabras del maravilloso himno de John Mason:

> ¡Cuán grande es el ser, Señor, el tuyo,
> que a todos los seres guarda!
> Tu conocimiento es la única línea
> que suena tan vasta y profunda.
> Tú eres un mar sin orilla,
> un sol sin esfera;
> Tu tiempo es ahora y para siempre,
> tu lugar está en todas partes.[8]

Así que aquí es donde tocamos la maravilla del hecho de que este, un Dios como este, el Señor, pueda ser descrito como un pastor. Considera por un momento: ¿Qué tipo de imágenes evoca

8 John Mason, «How Shall I Sing That Majesty?» (1683), https://hymnary.org/.

en tu mente la idea de una deidad completa y absolutamente autosuficiente, autoexistente? Creo que estarás de acuerdo en que este aspecto de quién es Dios se presta de la manera más natural a las imágenes de fuerza y poder. De hecho, como Kenneth Bailey muestra en su maravilloso libro *The Good Shepherd* [El buen pastor], las imágenes usadas para Dios a lo largo del Salterio tienen un distintivo tono de «seguridad nacional». Las metáforas dominantes son *escudo, torre alta, fortaleza, lugar alto, refugio, roca, fuerza de mi salvación.*[9]

Sin embargo, al mismo tiempo, Bailey señala cómo el Salterio también usa otras tres metáforas de Dios: *pastor* (Salmo 23); *madre* (Salmo 131); *padre* (Salmo 103) y argumenta persuasivamente que cuando el Señor Jesús quiere representar poderosamente quién es Dios hacia Su pueblo débil y descarriado, «no es casualidad que la trilogía de parábolas en Lucas 15:1-31 se centre en un *buen pastor*, una *buena mujer* y un *buen padre*».[10] En el Evangelio de Juan, el Señor Jesús declara: «Yo soy el buen pastor» (Juan 10:11). Es un título familiar que conocemos y amamos, y tenemos razón al verlo como el verdadero cumplimiento de lo que significa llamar al Señor nuestro pastor. Pero al hacerlo, debemos recordar lo que Jesús también declaró unos capítulos antes en Juan: «Jesús les dijo: De cierto, de cierto os digo: Antes que Abraham fuese, yo soy» (Juan 8:58). Esta es una afirmación asombrosa. Jesús tomó el nombre divino que Dios le reveló a Moisés en la zarza ardiente y se lo aplicó a sí mismo: «Yo soy el SEÑOR». El Señor Jesús, nuestro buen pastor, es Jehová mismo, lo que significa que es nuestro pastor suficiente.

9 Kenneth E. Bailey, *El buen pastor: Un viaje de mil años desde el Salmo 23 hasta el Nuevo Testamento* (Londres: SPCK, 2015), 35. Véase Sal. 18, por ejemplo, donde la mayoría de estas imágenes se usan juntas para lograr un efecto acumulativo.

10 Bailey, *El buen pastor*, 37 (énfasis original).

Espero que puedas ver nuevas capas de belleza en la simple frase «Jehová es mi pastor». Es un retrato para comunicar que el que está a tu lado tiene una fuerza inigualable y un poder indescriptible, que se está rebajando para prestarte Su ayuda. Como dice Bailey, este salmo expresa un profundo compromiso con Dios «como fuente de seguridad en medio de muchos peligros donde no hay otra ayuda disponible».[11] El Dios autosuficiente no es el Dios ensimismado. El Dios que existe por sí mismo no es el Dios egocéntrico. Más bien, maravilla de maravillas, el Dios que es tan fuerte se viste con una imagen de la más cercana y tierna preocupación por aquellos que son tan débiles. Es una manera de decir que pone todos los recursos de Su plenitud infinita a disposición de las criaturas finitas. Es un pastor. Como dice Martín Lutero:

> Los otros nombres suenan demasiado gloriosos y majestuosos, y traen, por así decirlo, un asombro y temor cuando los oímos pronunciar. Este es el caso cuando la Escritura llama a Dios nuestro Señor, Rey, Creador. Este, sin embargo, no es el caso de la dulce palabra *pastor*. Trae a los piadosos, cuando la leen o la oyen, por así decirlo, una confianza, un consuelo o seguridad como la palabra *padre*.[12]

Más que esto, Él es *mi* pastor. De hecho, esto también es parte del significado del nombre divino revelado a Moisés. Los teólogos tienen razón al decir que este nombre divino «revela el señorío del pacto de Dios».[13]

11 Bailey, *El buen pastor*, 38. Él sugiere que, en los muchos peligros de los pastizales abiertos de Medio Oriente, decir «El Señor es mi pastor» significa, entre otras cosas: «no tengo protección policial» (37).

12 Citado en William S. Plumer, *Psalms: A Critical and Expository Commentary with Doctrinal and Practical Remarks* (Edimburgo: Banner of Truth, 1975), 309.

13 Beeke y Smalley, *Reformed Systematic Theology*, 1:551 (énfasis original).

Inmediatamente antes de las palabras de Éxodo 3:14, donde Dios dice que Él es: «Yo soy el que soy», Moisés le pregunta a Dios: «...¿Quién soy yo para que vaya a Faraón, y saque de Egipto a los hijos de Israel?» (Ex. 3:11). La respuesta de Dios no es revelar algo persuasivo acerca de Moisés para reforzar su confianza; más bien, revela algo acerca de sí mismo: «...Ve, porque yo estaré contigo; y esto te será por señal de que yo te he enviado: cuando hayas sacado de Egipto al pueblo, serviréis a Dios sobre este monte» (Ex. 3:12). El nombre de Dios significa que Él es el Señor soberano y que es fiel a Sus relaciones de pacto. Quien Dios es se coordina con lo que Dios hace. «Además dijo Dios a Moisés: Así dirás a los hijos de Israel: Jehová, el Dios de vuestros padres, el Dios de Abraham, el Dios de Isaac y Dios de Jacob, me ha enviado a vosotros...» (Ex. 3:15). Moisés está aprendiendo que Dios tiene todo su árbol genealógico en Su mano. Dios le está diciendo a Moisés que Él es el Dios que se remonta mucho más allá de Moisés, a sus padres, y de hecho Él es el Dios que existió mucho antes que ellos. El punto es que «la independencia soberana de Dios apoya y permite que Su fidelidad guarde Su pacto. Por lo tanto, podemos confiar en que Dios estará fielmente presente con Su pueblo a lo largo de la historia».[14] Moisés aprende que el Señor soberano es también el Señor del pacto. Como lo resumió un puritano: «Lo que yo fui para ellos, lo mismo seré para ti».[15]

Nuestra relación con Dios a través del Señor Jesús tiene los cimientos más profundos posibles. Hoy ocupamos nuestro lugar en la historia del mundo, abajo de las promesas del pacto de Dios a Su pueblo de estar con ellos y ser su Dios. Por lo tanto, nuestra

14 Beeke and Smalley, *Reformed Systematic Theology*, 1:558.

15 John Preston, *Life Eternall, o, A Treatise on the Divine Essence and Attributes*, 2.ª ed. (Londres, 1631), pt. 1, 96, citado en Beeke y Smalley, *Reformed Systematic Theology*, 1:558.

relación con Dios nunca es puramente individual y personal, aunque tampoco sea menos que eso. Siempre es mucho más. El hecho de que Jesús sea un pastor es maravilloso, pero el hecho de que Él pueda ser mi pastor se basa en que Él me atrajo personalmente a una relación de pacto que me precedió y que durará más que yo. La escala de esa relación de pacto significa que puedo saber que Él es mío porque es el significado mismo de Su nombre ser el Dios que es fiel a Su pueblo. Este aspecto profundamente personal del Salmo 23 es muy precioso. Una de las cosas más duras y tristes que hago es ministrar en funerales de personas que no saben nada sobre el pastor, pero que quieren el salmo del pastor en su funeral. Tienen en mente el versículo 4:

> Aunque ande en valle de sombra de muerte,
> no temeré mal alguno,
> porque tú estarás conmigo;
> tu vara y tu cayado
> me infundirán aliento.

El Salmo 23 se ha convertido en un salmo fúnebre. Pero, en realidad, es un salmo sobre la vida. Solo uno de sus seis versículos habla de la muerte. Las imágenes del salmo están dominadas por la comida, el agua, el descanso, la seguridad; se trata de ir a un banquete en el que te echan aceite perfumado en la cabeza y tienes una copa de vino en la mano, donde tienes que decirle al anfitrión: «¡No, detente, se está desbordando!» El Salmo 23 trata sobre la vida abundante. Se trata más de la felicidad de vivir que de la tristeza de morir, y toda la felicidad está ligada a poder decir que este Señor que es pastor es también *mi* pastor.

Hay una famosa historia sobre un jovencito pastor en las Tierras Altas de Escocia en siglos pasados. Sus padres murieron prematuramente, dejando al niño al cuidado de su abuelo, un pastor. El nieto también fue criado para ser pastor, pero no tenía educación. Nunca fue a la escuela y no sabía leer. Su abuelo le enseñó las primeras cinco palabras del Salmo 23 tomando la mano izquierda del niño y, mientras decía cada palabra, señalaba con un dedo. Pronto el muchacho pudo pronunciar las palabras por sí mismo, sosteniendo un dedo y luego el siguiente mientras lo hacía: «El Señor es mi pastor».

En una ocasión, cuando el niño estaba en las colinas cuidando las ovejas, se desató una terrible tormenta de nieve que envolvió las montañas, y el niño y las ovejas no regresaron a casa. Su abuelo se dispuso a encontrarlo, pero los vientos brutales y la nieve cegadora lo hicieron imposible. Sabía que pronto perdería todo sentido de la orientación, así que, temeroso y con el corazón dolorido, regresó para pasar una larga e inquieta noche en su silla. Cuando por fin pudo buscar en las colinas, trágicamente, encontró a su nieto muerto congelado en la nieve. Pero cuando se agachó para levantar al niño, notó que las manos del niño estaban entrelazadas de una manera peculiar. Su mano derecha agarraba firmemente el cuarto dedo de su mano izquierda: «El Señor es *mi* pastor».[16]

Mi llamado como pastor es siempre preguntar a la gente dónde están con este pastor. A los miembros de mi congregación los demás les preguntan todo el tiempo sobre su estado en relación con algo o alguien: ¿su estado de vacunación? ¿Su estado civil? ¿Su situación laboral? Pero el trabajo del pastor es preguntar sobre el estado del rebaño: ¿Eres una oveja que conoce al pastor?

Si puedes decir que Él es *tu* pastor, entonces quiero mostrarte en lo que sigue que tienes todo lo que necesitas.

16 Una versión completa de esta historia está disponible en: https://www.fahanchurch.org/the23rdpsalm.htm, consultada el 2 de marzo de 2022.

2

Qué provee

EN LA FAMILIA DE NUESTRA IGLESIA *TRINITY*, el primer domingo de cada año, decimos las preguntas y respuestas 1 y 2 del Catecismo de Heidelberg:

Día del Señor 1

1. *¿Cuál es tu único consuelo tanto en la vida como en la muerte?*
   Que no soy mío, sino que pertenezco –en cuerpo y alma, en la vida y en la muerte– a mi fiel Salvador Jesucristo. Él ha pagado por completo por todos mis pecados con Su preciosa sangre, y me ha liberado de la tiranía del diablo. Él también vela por mí de tal manera que ni un cabello puede caer de mi cabeza sin la voluntad de mi Padre que está en los cielos: de hecho, todas las cosas cooperan para mi salvación. Porque le pertenezco a Él, Cristo, por Su Espíritu Santo, me asegura la vida eterna y me hace estar dispuesto y listo de todo corazón desde ahora para vivir para Él.

2. *¿Qué debes saber para que, gozando de esta consolación, puedas vivir y morir dichosamente?*
   Tres cosas: Primero, cuán grandes son mis pecados y miserias; segundo, de qué manera puedo ser librado de ellos; tercero, la gratitud que debo a Dios por Su redención.

Al igual que el Salmo 23, estas elevadas palabras han consolado al pueblo de Dios por generaciones. Pero no son meras palabras llamativas; son también una profunda confesión de fe. Son palabras que expresan nuestra confianza en Dios y las hermosas implicaciones de lo que significa conocerlo. Observa cómo el catecismo comienza con una declaración de confianza en el cuidado total de Dios: cuerpo y alma, en la vida y en la muerte, física y espiritual. Cada parte de la vida está en las manos sabias y buenas de Dios.

El Salmo 23 es una versión hebrea del Catecismo de Heidelberg mucho antes de que se escribiera el catecismo. Si poder decir que el Señor es su pastor es el testimonio personal de David, entonces él expresa el significado de esa relación con tres grandes confesiones de fe, tres implicaciones expresadas con confianza de conocer al Señor: «Nada me faltará», porque Tú eres mi pastor (v. 1); «No temeré mal alguno», porque Tú eres mi compañero (v. 4); y «en la casa de Jehová moraré por largos días», porque Tú eres mi anfitrión (v. 6). El salmo es una expresión de confianza total en el cuidado total de Dios.

Es algo muy importante poder decir, como dice David: «nada me faltará». ¿De verdad? ¿No te faltará nada? ¿Sinceramente?

Me falta todo el tiempo. Estoy seguro de que a ti también. La necesidad está a nuestro alrededor; en nuestros corazones, todos queremos cosas. Mejor salud. Mejores cuerpos. Nuevos cuerpos. Queremos buenas calificaciones, mejores empleos, mejores salarios, mejores relaciones. Quiero paz y tranquilidad, unas vacaciones, el fin de la pandemia, el fin de la guerra. Entonces, ¿cómo debemos entender la confiada afirmación de David aquí? Necesitamos hacerlo de una manera que sea realista y honesta y que no nos deje cantando clichés gastados y lugares comunes vacíos acerca de que Dios es todo lo que queremos, cuando obviamente también queremos muchas otras cosas. Hay muchas capas en esto que nos ayudarán a entender estas palabras.

El primer paso es notar que, aunque se compone de solo cuatro palabras en hebreo, el versículo 1 contiene un flujo lógico implícito: «Jehová es mi pastor; *por tanto*, nada me faltará». *Debido a que* el Señor es mi pastor, nada me falta. Si lo tengo a Él, lo tengo todo. Él es mío; así que tengo todo lo que necesito. Esta es una visión profundamente centrada en Dios de la vida, el universo y todo lo que hay en él. Si el Salmo 23 dice tanto en solo seis versículos, entonces aún más sorprendente es el hecho de que, en cierto sentido, los versículos 2-6 son simplemente una expansión del versículo 1. Todo el salmo está ahí en un versículo. Cada uno de los demás versículos simplemente completa lo que significa pertenecer a un Dios como este.

Como parte de esta atención a las palabras y al fluir del versículo 1, también debemos reconocer el potencial de las traducciones para desviarnos un poco. Aunque no aparece como un problema de traducción en las notas a pie de página de este salmo, la palabra para «faltar» se traduciría mejor como «carecer» o «disminuir». En inglés, se utiliza el término *«want»* (querer) y ha llegado hasta nosotros desde la versión King James de la Biblia, donde la palabra isabelina significaba no tanto desear algo como carecer de ello, como en la frase «ser hallado en falta». Harold Kushner, un rabino judío, aboga por una traducción como esta: «No me faltará nada». El significado, explica, es que «Dios me proveerá de todo lo que necesito. O como lo expresó bellamente un colega mío: "El Señor es mi pastor, ¿qué más necesito?" La cuestión de si deseo cosas más allá de eso no viene al caso».[1]

El sentido, entonces, como Richard Briggs lo expresa tan bien, es que «el versículo 1 apunta a dejar que YHWH decida qué es lo que necesito, en el mismo proceso de asegurar que sea lo que sea, no me faltará. [...] El Salmo 23 está, en parte, en el negocio de entrenar mi sentido de la necesidad para estar mejor sintonizado con lo que Dios provee».[2] Este salmo es una herramienta en la mano de Dios —podríamos decir que la herramienta es un cayado— que Él usa para recalibrar nuestros deseos. Kenneth Bailey sugiere que nuestra propia concepción de los deseos se ve afectada por nuestra presencia en las sociedades capitalistas donde «el sistema económico entero se basa en la creación y luego la satisfacción de tantos deseos percibidos como sea posible. [...] El objetivo parece ser: crear *deseos* y luego convertirlos en *necesidades sentidas*».[3] Sin embargo, el Salmo 23 es un oasis en nuestro páramo materialista. Nos invita a detenernos y descansar un rato, y considerar de nuevo quién es Dios para nosotros en la sencilla plenitud de Su ser y en las infinitas riquezas de Su amor de pacto. David, al parecer, sabía de antemano que el apóstol Pablo describiría más tarde el significado de la capacidad de vivir «...como no teniendo nada, mas poseyéndolo todo» (2 Cor. 6:10).

1 Harold S. Kushner, *The Lord Is My Shepherd: Healing Wisdom of the Twenty-Third Psalm* (Nueva York: Knopf, 2003), 29. Kushner habla de un letrero que vio una vez en el escaparate de una tienda: «Si no lo tenemos, es mejor que no lo tengas». Y añade: «El mensaje del salmo parece ser que, si no tienes algo, no importa cuánto lo desees, en realidad no lo necesitas. Si lo necesitaras, Dios te lo habría proporcionado» (30).

2 Richard S. Briggs, *The Lord Is My Shepherd: Psalm 23 for the Life of the Church* (Grand Rapids, MI: Baker Academic, 2021), 73–74.

3 Kenneth E. Bailey, *El buen pastor: Un viaje de mil años desde el Salmo 23 hasta el Nuevo Testamento* (Londres: SPCK, 2015), 38–39 (énfasis original).

Con esto en mente, creo que la siguiente capa es simplemente deleitarse con la imagen que se nos da en el Salmo 23:2-3. Antes de intentar analizarlo, debemos sentirlo. Independientemente de sus orígenes en el Medio Oriente relacionados con la cría de animales, las palabras en estos versículos han continuado hablando un lenguaje universal de hermoso descanso y restauración integral de la persona. Observa las imágenes. El pastor provee comida (delicados pastos) y bebida (aguas de reposo), y el hecho de que me haga recostarme allí significa que hay más que suficiente en ese lugar. La oveja no necesita ir a la deriva a otros lugares en busca de más comida; todo eso se puede obtener del lugar a donde el pastor me ha guiado. Este lugar de abundante alimentación y descanso seguro significa que «confortará mi alma» (v. 3).

Tal vez sea cierto, como nos dicen muchos comentaristas, que es muy difícil hacer que una oveja se acueste. Normalmente se las ve de pie, atareadas, activas y errantes; pero hay una especie de descanso que proviene de saber que el pastor está cerca y así puedes recostarte con seguridad. Estás en presencia de alguien que se encarga de todo. Fíjate en cómo en los versículos 2-3 hay cuatro verbos de los cuales el Señor es el sujeto, el que hace toda la obra: Él me *hará*, Él me *pastoreará*, Él *confortará*, Él me *guiará*.

Una vez fui huésped de un lujoso hotel de cinco estrellas. Cada vez que solicitaba algo en la recepción, me preguntaban: «¿Puedo tener el placer de saber su nombre, señor?». Las personas que se encargaban del cuidado querían relacionarse conmigo personalmente para poder proporcionarme lo que necesitaba. Cada una de mis necesidades fue atendida en su totalidad, sin importar cuán grande o pequeña fuera. Nada de lo que quería era demasiado problema, y lo estaban haciendo por mí individual y personalmente. El poder de estas imágenes de pastoreo que se combinan para retratar un hermoso descanso debe disfrutarse. Kushner se pregunta por qué nos sentimos tan atraídos por las montañas y la orilla del mar cuando elegimos un destino de vacaciones, o por qué podemos sentarnos junto a un lago durante una hora o más y salir sintiéndonos relajados. Él responde:

> El mundo de Dios, decorado en azules y verdes, nos calma, bañando suavemente nuestros ojos con colores tranquilos y de baja intensidad. Pasamos gran parte de nuestras vidas en un entorno creado por el hombre, con su iluminación artificial y refrigeración y calefacción artificiales, letreros de neón brillantes y programas de televisión en color, entonces cuando tenemos un día libre... instintivamente sentimos la necesidad de encontrar nuestro camino hacia el mundo de Dios con su paleta más tranquila.[4]

Kushner continúa argumentando que la invención de la electricidad ha llevado a la humanidad a gobernar la noche como gobernamos el día, la capacidad de disipar la oscuridad conduce a nuestro sentido de dominio sobre el mundo, pero «en el proceso nos distanció a muchos de nosotros del mundo natural. Pasamos más horas de vigilia bajo luces brillantes que en el mundo de cielos azules y hierba verde de Dios».[5] Sugiero que esta es la razón por la que, en parte, encontramos tan cautivador el lenguaje del Salmo 23. Expresa en pocas palabras no solo la capacidad que tenemos para descansar, sino también el vasto anhelo del corazón humano por un descanso verdadero, profundo y duradero en un mundo fatigoso.

Todo esto, sin embargo, plantea la cuestión de la aplicación práctica. ¿Qué significa realmente tener este tipo de experiencia

4 Kushner, *The Lord Is My Shepherd*, 39.
5 Kushner, *The Lord Is My Shepherd*, 41

sensorial de la mano del buen pastor? Aparte de cualquier otra cosa, la lógica de los primeros versículos es que debido a que el Señor es mío, no me falta nada *y* tengo Su provisión –física, espiritual y emocionalmente– de modo que estoy completamente en reposo. Por lo tanto, las imágenes de la hierba verde, las aguas tranquilas y el alma restaurada hablan de una sensación de refrigerio para la persona completa que trae el Señor Jesús, nuestro buen pastor. Son imágenes de palabras para la totalidad de Su cuidado. En resumen, son lo que se *siente* al ser pastoreado por Él. Pero ¿cómo se ve esto realmente en la vida cotidiana? Richard Briggs tiene razón al decir que «el salmo *no* termina con "Habitaré en una cafetería acogedora al final del día". No está patrocinado por un grupo local de caminatas».[6]

Aquí tenemos que dar un paso atrás y ampliar la lente. Un poco de tiempo para ver el panorama general nos ayudará a recibir las aplicaciones más profundas y más grandes de este salmo. Muchos comentaristas, tanto judíos como cristianos, han notado cómo la metáfora de las ovejas y el pastor no es una imagen sacada de la nada en la mente del poeta David, ni siquiera una extraída solo de su experiencia como pastor. De hecho, Abel, Abraham, Jacob, José y Moisés fueron pastores antes que él y sabían que Dios mismo era su pastor. Considera el Salmo 77:19-20, que pregona la redención de Dios de Su pueblo de Egipto:

> En el mar fue tu camino,
> Y tus sendas en las muchas aguas;
> Y tus pisadas no fueron conocidas.
> Condujiste a tu pueblo como ovejas
> Por mano de Moisés y de Aarón.

6 Briggs, *The Lord Is My Shepherd*, 149 (énfasis original).

En este punto necesitamos observar que en el Salmo 23 estamos, de hecho, escuchando hermosos ecos de la historia del éxodo. La metáfora del pastor y las ovejas en el Salmo 23 es lo que Peter Craigie llama «una metáfora cargada» porque «la metáfora la asocia con el éxodo de Egipto y los viajes de los hebreos por el desierto, cuando la provisión y protección de Dios había sido conocida como la de un pastor».[7]

Esto no fue obvio para mí en mi primera lectura del Salmo 23, y puede que no te parezca en absoluto obvio. Pero considera lo siguiente:

1. Cuando David dice en el versículo 1 que nada le faltará, o que no carecerá de nada, usa la misma frase que se encuentra en Deuteronomio 2:7: «Estos cuarenta años Jehová tu Dios ha estado contigo, y nada te ha faltado». La idea de la provisión fiel de Dios está tan cargada en el pensamiento israelita con la experiencia del desierto después del éxodo, y el suministro de alimento y bebida por parte de Dios a Su pueblo en su existencia en el desierto, que el uso de la misma palabra aquí seguramente tiene la intención de recordar el pastoreo anterior de Dios de Su pueblo. Este es un ejemplo de lo que Craigie llama «los trasfondos del Éxodo» en el Salmo 23.[8]

2. En Éxodo 15:13 leemos:

> Condujiste en tu misericordia a este pueblo
> que redimiste;
> Lo llevaste con tu poder a tu santa morada.

Aquí la palabra para «morada» es pastizal, la misma palabra usada para los pastos o praderas en los que el Señor hace que David se acueste. El verbo «guiar/conducir» se usa en ambos pasajes. El

7 Peter C. Craigie, *Psalms 1–50*, Word Biblical Commentary (Grand Rapids, MI: Zondervan, 2004), 206.

8 Craigie, *Psalms 1–50*, 206.

éxodo tenía como objetivo final que el Señor condujera a salvo a este pueblo a la tierra prometida, que sería una tierra que manaría leche y miel, que satisfaría todas sus necesidades, y donde morarían seguros. David usa las palabras de esa historia para describir lo que su pastor le provee.

3. En el Salmo 23:2, como señala la RVR1960, las palabras hebreas traducidas «aguas de reposo» significan literalmente «sobre aguas de descanso». Esta idea de llegar a un «lugar de descanso» era la meta cuando el arca del pacto partió del Sinaí en Números 10:33. De hecho, como observa James Hamilton, la misma palabra se usa en Génesis 2:15, que podría traducirse como «Yahvéh tomó al hombre y lo hizo descansar en el huerto del Edén».[9] La frase «al reposo» también aparece en Deuteronomio 12:9 como una descripción de la tierra prometida, la tierra de herencia que Dios estaba dando a Su pueblo. Como dice Hamilton: «Cuando David se refiere a "aguas de lugares de descanso" con este término, entonces, evoca la forma en que Yahvé pastoreó a Su pueblo a la buena tierra que les prometió. Esa buena tierra que Dios prometió a Su pueblo fue un intento de renovar lo que se perdió cuando Adán fue expulsado del Edén».[10]

4. Debemos notar que la frase en el Salmo 23:3 «por amor de su nombre» también asocia el salmo con el éxodo porque está claro en otras partes de las Escrituras que actuar por causa de Su propio nombre era el objetivo final de que el Señor dirigiera y guiara a Su pueblo fuera de Egipto.

> Pero él los salvó por amor de su nombre,
> para hacer notorio su poder (Sal. 106:8).

9 James M. Hamilton Jr., *Psalms*, vol. 1, Evangelical Biblical Theology Commentary (Bellingham, WA: Lexham, 2021), 295–96.

10 Hamilton, *Psalms*, 296.

La misma idea está presente en Isaías 63:12:

> ...el que los guio por la diestra de Moisés con el brazo de su gloria; el que dividió las aguas delante de ellos, haciéndose así nombre perpetuo.

Espero que estos puntos muestren que, tal vez, suceden más cosas en el Salmo 23 de lo que anticipamos al principio. Las Escrituras son, de hecho, explícitas sobre el tipo de conexión que estoy animándote a ver:

> Hizo morir a todo primogénito en Egipto,
> Las primicias de su fuerza en las tiendas de Cam.
> Hizo salir a su pueblo como ovejas,
> Y los llevó por el desierto como un rebaño.
> Los guio con seguridad, de modo que no tuvieran temor;
> Y el mar cubrió a sus enemigos (Sal. 78:51-53).

Oculto a plena vista, David está presentando su propia experiencia de vida con el pastor de Israel en un lenguaje tomado de la experiencia anterior del pueblo israelita para decir que lo que Dios ha hecho por ellos, ahora lo está haciendo también por David, y es precisamente aquí donde creo que se encuentran las mayores riquezas y la visión más clara y hermosa del Señor Jesús.

En su maravilloso libro *Echoes of Exodus* [Ecos del éxodo], Alastair Roberts y Andrew Wilson sugieren que «David cantaba canciones formadas por el éxodo porque, de principio a fin, vivió una vida formada por éxodo».[11] Después de los triunfos iniciales contra el enemigo representativo del pueblo de Dios —David

11 Alastair J. Roberts y Andrew Wilson, *Ecos del éxodo: Rastreando temas de redención a través de las Escrituras* (Wheaton, IL: Crossway, 2018), 94.

contra Goliat, como Moisés contra Faraón—, David, como Moisés, termina vagando por el desierto, comiendo el pan de la Presencia (como Israel recibiendo maná del cielo); aquellos a quienes él dirige murmuran contra él; y pasa tiempo en una nación extranjera viviendo bajo un rey extranjero.[12] Esto significa que el Salmo 23 es la propia canción de David sobre lo que se siente ser salvado de sus enemigos por el Señor, en un mundo hostil, guardado y cuidado por el Señor en medio de su experiencia de vida en el desierto, así como Dios había cuidado de los antepasados israelitas de David. Significa que para ti y para mí esta es una descripción de lo que se siente pertenecer al Señor Jesús mientras nosotros también viajamos a través de este mundo desértico, en vidas formadas por el éxodo, en nuestro camino hacia la tierra prometida de la nueva creación, donde moraremos con Dios para siempre.

En el Evangelio de Marcos, inmediatamente después de enterarse de la muerte de Juan el Bautista, Jesús les dice a Sus apóstoles: «Venid vosotros aparte a un lugar desierto, y descansad un poco» (6:31). Fíjate inmediatamente en los temas del desierto y el descanso. Pero en este lugar desolado, Jesús es recibido por una gran multitud. Se nos dice que Jesús «tuvo compasión de ellos, porque eran como ovejas que no tenían pastor» (6:34). Aquí, tantos hilos diferentes de la historia bíblica general de la redención se unen en un solo lugar que no es demasiado fuerte decir que el Señor Jesús representa físicamente el significado del Salmo 23 para nosotros. Seguramente no es casualidad que, al ver a las ovejas sin pastor, Jesús ordenara que «...hiciesen *recostar* a todos por grupos sobre la *hierba verde*» (Mar. 6:39). Entonces Jesús alimenta a la multitud tan abundantemente que sobran doce canastas llenas, tal es el abundante desbordamiento de Su provisión.

12 Roberts and Wilson, *Ecos del éxodo*, 94–95.

Sin embargo, al hacer todo esto inmediatamente después de la muerte de Juan a manos de Herodes (que es un mal pastor de Israel, un falso pastor, y que acaba de albergar un banquete de muerte), Jesús alimenta a Sus ovejas «en presencia de [sus] angustiadores» sabiendo qué destino le devendrá a Él y a Sus seguidores. Sus discípulos, sin embargo, se parecen a Israel en el desierto, como los describe el Salmo 78:

> Pues tentaron a Dios en su corazón,
> Pidiendo comida a su gusto.
> Y hablaron contra Dios,
> Diciendo: ¿Podrá poner mesa en el desierto?
> He aquí ha herido la peña, y brotaron aguas,
> Y torrentes inundaron la tierra;
> ¿Podrá dar también pan?
> ¿Dispondrá carne para su pueblo? (vv. 18-20).[13]

Al demostrar una y otra vez a Sus discípulos de corazón duro que Él es capaz de proveer para todas sus necesidades, Jesús está representando en el Evangelio de Marcos lo que Él declara explícitamente en el Evangelio de Juan: «Yo soy la puerta; el que por mí entrare, será salvo; y entrará, y saldrá, y hallará pastos» (Juan 10:9). Los delicados pastos de descanso que describe el Salmo 23 son los pastos de descanso que la humanidad ha estado anhelando desde nuestro exilio del Edén; son una restauración para nosotros de lo que se ha perdido a través de nuestro pecado y rebelión, y regresan a nosotros solo cuando nos ponemos bajo el cuidado de Jesús nuestro pastor.

13 Estoy en deuda con la excelente obra de Kenneth Baily, *El buen pastor*, 153-186. Bailey da una presentación convincente de cómo el fluir del Salmo 23 se refleja casi exactamente en el fluir de Mar. 6:7-52 (véase esp. 175).

James Hamilton dice: «Aquellos a quienes Yahvé pastorea serán guiados al lugar donde todas las promesas de Dios se cumplan, todas las necesidades sean satisfechas y todos los temores desaparezcan».[14] Aunque todavía estamos viajando a los nuevos cielos y a la nueva tierra, todas las promesas de Dios se cumplen en el Señor Jesús. Él es el Señor del Salmo 23, el que es el sujeto de verbo tras verbo, el que toma toda la iniciativa para el cuidado total de Su rebaño, el que provee completamente para todas nuestras necesidades, y el que es capaz de protegernos de todos nuestros miedos. La vida en forma de éxodo del pueblo de Dios a lo largo del Antiguo Testamento se convierte, por supuesto, en la vida en forma de éxodo del Señor Jesús mismo, probada en el desierto durante cuarenta días y noches, pero permaneciendo fiel donde todos los demás antes de Él habían fallado en la prueba. Como el fiel y verdadero Hijo de Dios, como el segundo Adán, como el Moisés mayor, como el gran hijo mayor de David, Él lleva a cabo el verdadero éxodo en Su muerte vivificante, con el juicio y la ira de Dios cayendo sobre Él como el Cordero de la Pascua en lugar de Su pueblo pecador, y al hacerlo nos saca de nuestra esclavitud del pecado a una nueva vida en Él.

Aquí hay profundidades muy grandes en las cuales anclar tu fe. Dados los temas subyacentes del éxodo en el Salmo 23:1-3, Peter Craigie dice: «El salmista está expresando confianza de tal manera que sus sentimientos están vinculados a los grandes actos de salvación divina del pasado, que a su vez formaron la base de la fe del pacto».[15] Esta es precisamente la respuesta a la clase de pregunta que podríamos hacer al leer el Salmo 23:1-3 y maravillarnos: *Sí, pero ¿qué hay de mí? El Señor es mi Pastor, de acuerdo, pero ¿cómo experimento realmente el mismo tipo de provisión de la que habla David aquí? ¿Cómo se ve eso?*

14 Hamilton, *Psalms*, 296.

15 Craigie, *Psalms 1–50*, 206.

La primera parte de la respuesta es que aquí recibimos una ayuda más profunda al pensar en *nosotros* antes de pensar en *mí*. Como dicen Roberts y Wilson: «Gran parte de la iglesia contemporánea, especialmente en los círculos evangélicos, sufre de un desarraigo que hace que sea fácil perder nuestro rumbo, e incluso nuestra identidad. Vivimos en una época desorientada y desarraigada».[16] Pero mi propia relación con el Señor Jesús es parte de una relación de historia de éxodo que se comparte con todos los demás creyentes. David canta canciones del éxodo no solo por su propia vida formada por el éxodo, sino también porque son las canciones de su pueblo, sus antepasados. Y nosotros cantamos canciones del éxodo por la misma razón. El cántico de victoria en Éxodo 15, por ejemplo, no es solo un cántico que el pueblo de Dios de la antigüedad cantaba; es también *nuestro* canto, porque el pueblo que Dios redimió son nuestros antepasados en la fe. El cántico del éxodo de David en el Salmo 23 es nuestro cántico porque él es nuestro antepasado en la fe.

Cada vez que cantamos el Salmo 23, estamos celebrando el rescate que Dios nos ha provisto en el Señor Jesús a través de Su vida sin pecado y Su muerte en la cruz, junto con el descanso que nos ofrece a través del evangelio en esta vida y en la vida venidera. Cada vez que leemos o cantamos el Salmo 23, estamos dentro de la gloriosa verdad de que lo que Dios siempre ha hecho por Su pueblo del pacto, lo hará por ti y por mí. La expectativa de David de que el Señor proveerá para él de todas estas maneras «se basa en algo más sólido que su propia experiencia pasada; los trasfondos del Éxodo indican que su expectativa está establecida sobre el fundamento de la fe de Israel, es decir, el precedente del refrigerio y la guía de Dios en el Éxodo y

16 Roberts y Wilson, *Ecos del Éxodo*, 14.

en los viajes por el desierto».[17] En otras palabras, lo que Dios ya ha hecho por Su pueblo (los sacó de Egipto y les proveyó en el desierto) me muestra que hay motivos más que suficientes para creer que puede hacer lo mismo por mí: Dios tiene un historial en el que puedo confiar porque ya lo ha hecho por mi familia en la fe. Puedo confiar en Su historial de mantener y guiar a Su pueblo mientras me guía de este mundo al siguiente con Jesús como mi buen pastor.

Los delicados pastos que David está imaginando aquí se encuentran y experimentan solo cuando nos encontramos en relación con Jesús, el buen pastor. Jesús dijo que encontramos tales pastos «entrando y saliendo», con Él como puerta. Este tipo de descanso proviene de una relajada familiaridad con la presencia del Señor Jesús. Encontramos «delicados pastos» cuando en la vida cotidiana siempre estamos viniendo a Él y caminando con Él y siendo guiados por Él.

Esto nos lleva a la primera confesión de fe de David en el Salmo 23: «Nada me faltará» o, mejor, «no careceré de nada» (v. 1). Mientras lees estas líneas, es probable que haya muchas cosas en la vida que desees. Pueden ser cosas buenas de desear o cosas malas o cosas imprudentes que querer; pero el Salmo 23 te enseña que no hay nada que necesites que Jesús no te provea.

Como dice Matthew Henry: «La mayor abundancia no es más que un pasto seco para un hombre malvado, que se deleita solo en lo que agrada a los sentidos; pero para un hombre piadoso, que gusta la bondad de Dios en todos sus goces, y por fe disfruta de que, aunque tiene poco del mundo, es un pasto verde».[18]

17 Craigie, *Psalms 1–50*, 207.

18 Matthew Henry, *Matthew Henry's Commentary*, vol. 3 (Peabody, MA: Hendrickson, 1991), 258; citado en David B. Calhoun, *A Sheep Remembers* (Edimburgo: Banner of Truth, 2021), 27.

3

A dónde guía

AHORA HEMOS VISTO QUE HAY ecos del éxodo en el Salmo 23. Dos veces en los versículos 1-3 se nos dice que el pastor «me guía», y esta frase es un claro trasfondo del éxodo en el salmo:

> Condujiste en tu misericordia a este pueblo
> que redimiste;
> Lo llevaste con tu poder a tu santa morada (Ex. 15:13).

El punto del viaje es el destino, la morada de Dios, y no es coincidencia, por supuesto, que el Salmo 23 termine de la misma manera:

> y en la casa de Jehová moraré por largos días (v. 6).

Pronto llegaremos a esas hermosas palabras, pero por ahora queremos considerar la forma que toma el cuidado de Dios en estos versículos iniciales del salmo. Hay tanto una imagen del descanso total y definitivo como una imagen del pastor que guía y de nosotros siguiéndolo en Sus caminos rectos. Él nos está llevando a casa, sí, pero el camino a Su casa es una ruta escénica que debemos disfrutar.

Entre la provisión perfecta del versículo 2 y las sendas de justicia del versículo 3, se encuentra la deliciosa frase: «Confortará mi alma». La frase es independiente y puede leerse como un resumen del efecto de todo el cuidado y la atención del versículo 2 o como una implicación de andar por sendas de justicia. De cualquier manera, el significado es claro: el resultado de recibir la atención cercana del pastor y de seguir el camino del pastor es la restauración de mi alma. ¿Qué podría significar esto realmente?

Los comentaristas judíos se apresuran a ver en la frase una indicación de todo lo que el sábat significaba para Israel, y muchos comentaristas cristianos siguen su ejemplo. Como dice Richard Briggs (de los versículos 1-3 en su conjunto): «La lógica de estos versículos es comparable a la del sábat en el sentido de que ambos buscan describir una imagen más amplia de la vida en toda su plenitud, que ayuda a obtener una perspectiva sabia y adecuada sobre la obra que hay que hacer o las pruebas que hay que soportar».[1] Una vez más, las conexiones aquí con el éxodo son considerables cuando recordamos que en Deuteronomio 5 la razón específica que se da a los israelitas para la observancia del sábat es su experiencia de esclavitud en una tierra donde no tenían descanso. Así como Dios los redimió de la esclavitud en Su misericordia y compasión, ellos también deben asegurarse de que todos los demás bajo su cuidado sean tratados con la misma misericordia y compasión y se les dé el descanso del sábat (véase Deut. 5:12-15). Junto a esto, en Éxodo 31, donde se da la *creación* como la base fundamental para observar el sábat, aprendemos que el día «señal es para siempre entre

1 Richard S. Briggs, *The Lord Is My Shepherd: Psalm 23 for the Life of the Church* (Grand Rapids, MI: Baker Academic, 2021), 145.

mí y los hijos de Israel; porque en seis días hizo Jehová los cielos y la tierra, y en el séptimo día cesó y reposó» (v. 17).

Si la idea del sábat como un trasfondo del Salmo 23:1-3 parece muy alejada de lo que personalmente hemos experimentado en ese día particular de la semana, entonces de nuevo vale la pena dar un paso atrás y aprender más de aquellos que han reflexionado profundamente sobre el asunto. En el clásico texto judío de Abraham Joshua Heschel, *The Sabbath* [El sábat], él argumenta a favor de la idea de una «arquitectura de la santidad» que está presente no en el espacio sino en el tiempo, de modo que «los sábat son nuestras grandes catedrales». La idea es que el sábat siempre tuvo la intención de Dios de ser un anticipo del paraíso, de tal manera que cuando Dios entra en el descanso del séptimo día después de crear el mundo, es el único día de la semana de siete días sobre el cual *no* se nos dice: «Y fue la tarde y la mañana». El sábat continúa para siempre en la presencia de Dios, de tal manera que entrar en este reposo con Él y disfrutar de Él para siempre es la meta de toda la creación. No descansas en el día de reposo para refrescarte para el trabajo; más bien, el objetivo de toda labor y trabajo es por el bien del sábat: «No es un interludio sino el clímax de la vida».[2]

La provisión del sábat como una forma de comprender todo el punto de la creación, descansar con Dios, es profundamente hermoso. Iba a ser un día de deleite para el pueblo de Dios (Isa. 58:13) precisamente porque era un tiempo dedicado a deleitarse en el Señor (Isa. 58:14). La idea clave aquí, que creo que está implícita en el Salmo 23, es pasar tiempo con el Señor, que ya ha entrado en Su reposo y que, por lo tanto, invita a otros a compartirlo con Él. Como dice Briggs: «El Salmo 23 también nos invita a

2 Abraham Joshua Heschel, *The Sabbath: Its Meaning for Modern Man* (Nueva York: Farrar, Straus and Giroux, 1951), 14.

una desaceleración del ritmo de vida y a un descanso que incluso podría llegar tan lejos como a detenerse por completo, acostarse y saber que la vida seguirá adelante [...] pero también regocijándose en la restauración que ofrece el pastor YHWH».[3] Heschel lo expresa aún más poéticamente: el sábat se trata de «llegar a comprender que el mundo ya ha sido creado y sobrevivirá sin la ayuda del hombre».[4]

Esto significa que las lecturas cristianas del Salmo 23 ofrecen muchas capas para comprender la restauración de nuestra alma. En el nivel más obvio de abrir el Salmo 23 y simplemente seguir los pasos de David, hay una restauración del alma que tiene lugar cuando dejo de esforzarme por dominar el mundo y me contento con dejar las herramientas de trabajo y, en su lugar, ser nutrido por la provisión del pastor. Las ovejas se benefician enormemente de los recordatorios regulares, diarios y semanales de que somos ovejas y no el pastor. Una renovación del alma tiene lugar al ver de nuevo quién soy en el mundo, no amo y comandante, sino una oveja frágil y propensa a extraviarse que tiene un buen pastor, y que mi experiencia de descanso del alma siempre dependerá de mi proximidad a Él.

La idea del tiempo para la restauración del alma es muy importante y es la principal manera de expresar el hecho de que lo que David está celebrando en los versículos 1-3 es que él no es el que lleva a cabo la actividad principal de su vida. El pastor es el agente principal en su vida: lo hace descansar, lo guía, lo restaura, lo conduce de nuevo. Harold Kushner cuenta la historia de unos turistas de safari en África que contrataron maleteros para llevar sus provisiones mientras ellos caminaban. Después de tres días, los maleteros les dijeron a sus empleadores que tendrían que detenerse y descansar

3 Briggs, *The Lord Is My Shepherd*, 148.

4 Heschel, *The Sabbath*, 13.

por un día, no porque estuvieran cansados, sino porque «hemos caminado demasiado lejos y demasiado rápido y ahora debemos esperar a que nuestras almas nos alcancen».[5]

Ya sea que nos aferremos a la palabra «alma» (como lo hacen Kushner y otros), en el sentido de ser una parte interior de nosotros, o que entendamos la palabra «alma» como una palabra sustitutiva de la persona en su totalidad (como creo que tenemos razón al hacerlo), el hecho es que sabemos lo que es experimentar la fragmentación dentro de nosotros mismos o dentro de los diversos componentes de nuestras vidas, de modo que una parte de nosotros ha ido «demasiado lejos, demasiado rápido» por delante de otras partes de quienes somos, y necesitamos recuperarnos de nuevo. Cuando nos movemos demasiado rápido en la vida, tendemos a tomar decisiones más pobres, a menudo priorizamos las cosas equivocadas y podemos comenzar a equipararnos a nosotros mismos con el estatus que hemos alcanzado o la acumulación de posesiones que hemos acopiado. En ninguno de esos modos de vida irreflexivos hay espacio para decir: «El Señor es mi pastor; nada me faltará».

Más específicamente, es al acercarse al Señor Jesús que entramos en este reposo. En el Evangelio de Mateo, Jesús dice: «Venid a mí todos los que estáis trabajados y cargados, y yo os haré descansar. Llevad mi yugo sobre vosotros, y aprended de mí, que soy manso y humilde de corazón; y hallaréis descanso para vuestras almas» (Mat. 11:28-29). Jesús no está hablando del tipo de descanso que se obtiene al poner los pies en alto al final de un largo día. Inmediatamente después de estas palabras, refuta a los fariseos sobre el verdadero significado del sábat (Mat. 12:1-8). No, el punto de estas palabras es que todo lo que el reposo sabático

5 Harold S. Kushner, *The Lord Is My Shepherd: Healing Wisdom of the Twenty-Third Psalm* (Nueva York: Knopf, 2003), 60.

señalaba es cumplido por Jesús mismo; el descanso en el que la humanidad estaba destinada a entrar desde el principio, y que todavía anhelamos, se encuentra en Él. La historia del éxodo es la historia del pueblo de Dios que fracasó en su intento de entrar en el reposo prometido. A diferencia de los israelitas infieles que cayeron en el desierto y no entraron en su reposo (Sal. 95; Heb. 4:1-7), Jesús fue fiel hasta la muerte y ahora ha entrado en el reposo sabático que era la meta de toda la creación y que un día compartiremos con Él. «Jesús recapituló en sí mismo la historia de Adán e Israel no solo para sacarnos de la ruina y llevarnos a un estado de inocencia, o de la culpa al perdón, sino para llevar a toda la creación al sábat eterno».[6] Nuestra experiencia de este descanso ahora, en esta vida, es anticipatoria. Entramos en este reposo sabático por adelantado cada Día del Señor creyendo y atesorando las buenas nuevas de salvación del éxodo ganadas para nosotros por el Señor Jesús. En Él, y solo en Él, encontramos descanso para nuestras almas.

Para ayudarnos a comprender aún más cómo se ve esto, el Salmo 23:3 dice que el pastor conforta nuestras almas guiándonos por sus sendas de justicia. Esto es hermoso para nosotros porque, como dicen Alastair Roberts y Andrew Wilson: «Nuestra generación está confundida en cuanto a la naturaleza de la verdadera libertad». Creemos que la libertad se encuentra en forjar nuestro propio camino a través de la vida y en «ser fieles a nosotros mismos» o esforzarnos por vivir «la mejor versión de nosotros mismos». Pero, de hecho, «no importa cuán a menudo experimentemos la liberación de las restricciones, limitaciones y opresión, todavía nos encontramos cayendo en nuevas formas de esclavitud. [...] La verdadera

6 Michael Horton, *Lord and Servant: A Covenant Christology* (Louisville: Westminster John Knox, 2005), 220.

libertad es más complicada de lo que parece».[7] El Salmo 23:3 nos dice que la verdadera libertad se encuentra en el camino de otra persona, no en el mío.

Hay hermosos matices en la frase traducida como «sendas de justicia». Muchos comentaristas señalan que las «sendas» son más literalmente «huellas de carretas» o «surcos de carros». La idea es que mientras «la tierra es blanda, las ruedas de los carros presionan los senderos que otros están obligados a seguir después de que la tierra se seca y se endurece».[8] Cuando esta idea se combina con el fuerte sentido de estos versículos de que el pastor nos está guiando y por lo tanto está delante de nosotros, y nosotros estamos detrás de él, entonces, ya sea que entendamos estas huellas como «sendas de justicia» o simplemente «sendas correctas», como ofrece la NTV, el punto es que son *Sus* huellas. El pastor se ha adelantado a nosotros, abriendo el camino y guiando el camino, y por lo tanto el camino que estamos tomando es uno de justicia. Cuando seguimos al Señor, no podemos dejar de estar en el camino correcto.

Kenneth Bailey hace la encantadora observación de que «el buen pastor "me guiará"; Él no "me conducirá"». Debido a que Él está adelante y yo lo sigo, «las ovejas parecen ser atraídas principalmente por la voz del Pastor, que conocen y están ansiosas por seguir».[9] Por supuesto, así es exactamente como el Señor Jesús describe Su relación con Sus ovejas: «Y cuando ha sacado fuera

7 Alastair J. Roberts y Andrew Wilson, *Ecos del éxodo: Rastreando temas de redención a través de las Escrituras* (Wheaton, IL: Crossway, 2018), 15.

8 Bruce K. Waltke y James M. Houston, *The Psalms as Christian Worship: A Historical Commentary* (Grand Rapids, MI: Eerdmans, 2010), 439. Así también James M. Hamilton Jr., *Psalms,* vol. 1, Evangelical Biblical Theology Commentary (Bellingham, WA: Lexham, 2021), 293–95.

9 Kenneth E. Bailey, *El buen pastor: Un viaje de mil años desde el Salmo 23 hasta el Nuevo Testamento* (Londres: SPCK, 2015), 41.

todas las propias, va delante de ellas; y las ovejas le siguen, porque conocen su voz» (Juan 10:4).

Esto coloca la voz del pastor justo en el corazón de lo que significa seguir al pastor en Sus sendas de justicia. El éxodo de la esclavitud nunca significó la libertad de hacer cualquier cosa: Dios nos redimió para ser santos. El fuego en la zarza ardiente mostraba la santidad del nombre de Dios. El sábat dado al pueblo después del éxodo era un día santo. El Salmo 23 sigue la trayectoria del éxodo: la gracia primero, luego la ley; la redención y el rescate preceden a la obediencia y a la conformidad moral a la belleza de la ley de Dios.

Esto significa que hay una hermosa conexión entre los senderos rectos y la plenitud; el camino al alma confortada del versículo 3 proviene tanto de los caminos correctos como del alimento correcto. En otras palabras, la felicidad se encuentra en la santidad. La plenitud se encuentra en la justicia, y esta justicia se encuentra en escuchar la voz del pastor, atender a Su llamado y prestar atención a Sus palabras. En el Salmo 19:7, David dice:

> La ley de Jehová es perfecta,
> que convierte el alma.

No hay manera de estar en reposo en este mundo, o de estar en reposo con el Señor en el mundo venidero, sin ser renovados por las palabras que Él habla y la justicia que nos da cuando nosotros nos entregamos a Él.

Así que mientras lees estas páginas, vale la pena tomarte un tiempo para detenerte y reflexionar. Tómate un tiempo para descansar y considera dónde te encuentras con las sendas de justicia del pastor establecidas para ti en las Escrituras. Nuestro afecto por Jesús y nuestro afecto por Su voz en la Biblia son inseparables. No podemos amar a uno sin llegar a amar al otro; del mismo modo, no podemos descuidar nuestra relación con uno y no experimentar pronto un enfriamiento con el otro.

¿Estás en Sus caminos en este momento, pero, sin que nadie más lo sepa, estás pensando en dejarlos? El Salmo 23 es claro: no hay restauración del alma en los senderos de la vida en los que tu pastor no esté caminando contigo. No hay hierba más verde en ningún otro lugar que con Jesús y con las palabras que habla, con Su ley justa y Su evangelio dador de justicia. Pero puede ser que hayas comenzado a pensar que los pastos realmente son más verdes en otro lugar, aunque sepas que es un «pasto» donde Jesús no habita. Puede ser que aún no hayas abandonado por completo las sendas de justicia, pero estás coqueteando con ese peligro. Apenas estás empezando a deambular. Tal vez es una relación en la que sabes que no deberías estar: no es una correcta. Aparte del conocimiento objetivo de que está mal, una de las formas en que lo estás sintiendo subjetivamente es que ha abierto un poco de distancia entre tú y el Señor Jesús, que no estaba allí en esta época el año pasado. La vida es un viaje, no una galería de observación; siempre estamos en movimiento, siempre viajando, y vamos por los caminos de Jesús o por los caminos de un pastor diferente. Tal vez sea lo que estás consumiendo en línea. Tal vez sean las decisiones que estás tomando con tu dinero o tu tiempo. Dos grados de divergencia este año podrían significar una divergencia de una milla el próximo año. Tómate el tiempo para considerar el camino que estás recorriendo, quién te está guiando y dónde podría terminar ese camino. En mi experiencia, he descubierto que los pasos equivocados en la vida son casi siempre el resultado de una previa desatención a escuchar a Jesús hablar en la Biblia. Cuando la devoción por escuchar Su voz comienza a disminuir, entonces, final e inevitablemente, lo que sigue es el desvío de Sus caminos.

Algunos de los que leen estas líneas están empezando a preguntarse si realmente vale la pena seguir al pastor. Porque bien sabes que el camino del pastor es el camino de la cruz. Jesús dijo: «...Si alguno quiere venir en pos de mí, niéguese a sí mismo, y tome su cruz, y sígame» (Mar. 8:34). ¿Vale la pena todo el sufrimiento que implica seguir a Jesús? Quiero decirte que, al dejar Su camino, no pasará mucho tiempo antes de que descubras solo la decadencia del alma y la falta de alimento del alma en cualquier otro camino diferente. La única manera de vivir es seguir al pastor hasta la muerte: «Porque todo el que quiera salvar su vida, la perderá; y todo el que pierda su vida por causa de mí y del evangelio, la salvará» (Mar. 8:35). Hay una belleza en la vida con el Señor Jesús que no puede encontrarse en ningún otro lugar. Lo que dice en Su palabra no solo es verdad; también es nutritivo y saludable, y solo ella puede hacernos completos. El costo de seguirlo es la muerte de todo lo que es feo y pecaminoso en mí, es doloroso, pero la nueva vida al otro lado de mi naturaleza pecaminosa crucificada es más preciosa de lo que se puede expresar con palabras. La vida funciona con Jesús de una manera que no lo hace sin Él.

La razón principal para caminar con el pastor viene al final del Salmo 23:3. Una de las grandes sorpresas del salmo es darse cuenta de que la verdadera razón de la vasta extensión del cuidado del pastor por Sus ovejas, tanto el descanso que proporciona como Sus sendas rectas para que sigan, es la fama de Su nombre, no la fama de Sus ovejas. Es maravilloso que mi pastor me provea y que mi pastor se ocupe de todas mis necesidades, y es algo muy importante darse cuenta de que todo lo que hace por Sus ovejas lo hace «por amor de su nombre» (v. 3). Él lidera vinculando Su propio honor y reputación en Su mundo a Sus ovejas y a lo que les sucede y cómo lo siguen. Como dicen Bruce Waltke y James Houston: «Vivimos en un universo en el que los intereses de Dios y los intereses de Su pueblo se unen, no compiten».[10] O como dice W. Phillip Keller: «Vincula un trozo de arcilla común con el destino divino: significa que un simple mortal se convierte en el objeto preciado de la diligencia divina».[11]

Una vez más, las profundidades de esto para nosotros son muy valiosas. Al leer que el pastor divino nos guía por sendas de justicia por amor de Su propio nombre, no significa que Dios nos esté usando para Sus propios fines, sino más bien que podemos estar tan seguros de caminar por esas sendas porque Dios ha ligado Su propia reputación a nuestro caminar en ellas. John Piper lo explica así: «La razón más profunda que se da para el compromiso de Dios con Su pueblo es Su compromiso previo con Su propio nombre. El fundamento más profundo de nuestro perdón, nuestra intrepidez y nuestro gozo es el compromiso de Dios con Su propio gran nombre».[12] Ya hemos visto anteriormente las conexiones de esta frase con la historia del éxodo, donde una idea recurrente es que Dios estaba demostrando Su poder a Faraón «...para que mi nombre sea anunciado en toda la tierra» (Ex. 9:16), y

> Pero él los salvó por amor de su nombre,
> Para hacer notorio su poder (Sal. 106:8).

Recuerda que al comienzo de la historia del éxodo ni Moisés ni el pueblo de Israel conocían el nombre de Dios. Piper comenta: «El objetivo del Éxodo era crear una reputación mundial para Dios.

10 Waltke and Houston, *The Psalms as Christian Worship*, 440.

11 W. Phillip Keller, *A Shepherd Looks at Psalm 23* (Grand Rapids, MI: Zondervan, 1970), 3.

12 John Piper, *The Pleasures of God* (Fearn, Ross-shire, Escocia: Christian Focus, 2001), 100.

El objetivo de las diez plagas y del milagroso cruce del mar Rojo era demostrar el asombroso poder de Dios a favor de Su pueblo libremente elegido, con el objetivo de que esta reputación, este nombre, fuera declarado en todo el mundo.[13]

En el Salmo 23 aprendo que mi caminar por el camino del pastor, las sendas de justicia, el camino correcto de tomar mi cruz y seguirlo hasta la muerte, es un viaje por la vida en el que Dios ha apostado el honor mismo de Su nombre.

Así que nunca me dejará caminar solo.

El Señor mi pastor gobierna mi vida
y me da todo lo que necesito;
me conduce por arroyos refrescantes;
en pastos verdes me alimento.

El Señor reaviva mis fuerzas desfallecidas,
completa mi alegría;
y por sendas rectas, por amor de su nombre,
guía mis pies vacilantes.

Aunque en un valle oscuro como la muerte,
ningún mal me hace temer;
tu cayado de pastor protege mi camino,
porque allí estás conmigo.

Mientras todos mis enemigos miran,
despliegas un banquete real;

13 Piper, *The Pleasures of God*, 101.

tú llenas mi copa, unges mi cabeza
y me tratas como a tu huésped.

Tu bondad y tu amor misericordioso
me persiguen todos mis días;
tu casa, oh Señor, será mi hogar,
y tu nombre mi alabanza sin fin.

CHRISTOPHER IDLE

PARTE 2

EL VIAJERO Y EL COMPAÑERO

Aunque ande en valle de sombra de muerte,
No temeré mal alguno,
porque tú estarás conmigo;
Tu vara y tu cayado me
infundirán aliento.

SALMO 23:4

LA OSCURIDAD PUEDE SER ATERRADORA. Pero la oscuridad profunda, la oscuridad total, puede traer un terror sin igual al alma humana.

Charles Spurgeon dijo del Salmo 23:4: «Este versículo indescriptiblemente encantador se ha cantado en muchos lechos de muerte y ha ayudado a hacer que el valle oscuro brille».[1] Aparte de la primera línea del Salmo 23, este versículo es sin duda la parte más famosa del salmo. Es casi seguro que estas palabras ya te han reconfortado profundamente en algún momento de tu vida. Puede ser que actualmente sean la roca bajo tus pies en tu propio acercamiento a la muerte que se ha aproximado inesperadamente, o que hayan sido un ancla para tu alma al enfrentar la pérdida de alguien muy querido para ti. Los valles del mundo vienen en todas las formas y tamaños, y muchos de nosotros pasamos mucho tiempo bajo su sombra: duelo, dolor, depresión, profunda decepción en la vida, ya sea con nosotros mismos o de la mano de otros, pandemia, trauma y abuso.

En este versículo hay una belleza y un bálsamo en casi cada palabra. Por lo tanto, quiero ayudarnos a detenernos en todas sus partes para que podamos sentir la maravilla de su seguridad.

Aunque he llamado a esta parte del libro «El viajero y el compañero», está claro que el salmo no deja atrás las imágenes de pastoreo en el versículo 4. Esto es evidente por la presencia de la vara y el cayado, implementos que representan aspectos verdaderamente hermosos del trabajo de nuestro buen pastor. El fluir del salmo desde los versículos 1 a 3 hasta el versículo 4 hace obvio que las ovejas y el pastor todavía están a la vista aquí, pero vale la pena centrarse en la idea de nuestro pastor como nuestro compañero porque, en cierto modo, el salmista quiere afianzar nuestra atención en esta

1 Charles Spurgeon, The Treasury of David, 3 vols. (Peabody, MA: Hendrickson, 1988), 1:355.

faceta del cuidado del pastor. En el hebreo del Salmo 23 hay veinte líneas (incluyendo el título), y la línea diez, el punto medio exacto del salmo es esta: «porque tú estarás conmigo». Así que, aunque este verso se canta a lo largo de un camino particular que todas las ovejas deben tomar, es un camino que nunca caminan solas.

Y la oscuridad y el peligro inmediatamente a ambos lados de esta pieza central de completa seguridad son lo que la hacen brillar tan intensamente.

4

Cómo guía

HASTA ESTE PUNTO, las ovejas en el Salmo 23 han sido pasivas. Se las hace acostarse y se las conduce y se las conforta, pero ahora se produce el movimiento real de las ovejas en su caminar y en su ir a alguna parte. Y aquí es donde la pequeña frase que abre el versículo («Aunque») nos señala adelante a una imagen que presentará la mayor sorpresa teológica del versículo, y su consuelo final. Porque el viaje que uno esperaría hacer mientras camina por sendas de justicia (v. 3) no es el movimiento en el que el salmo realmente se enfoca en el versículo 4. Nuestra gran familiaridad con este salmo en su conjunto podría hacer que pasemos por alto la asombrosa forma en que el pastor guía a las ovejas por amor de Su nombre.

Da un paso atrás conmigo por un momento antes de aproximarnos para ver de cerca. Considera el hecho de que probablemente todos estamos familiarizados con el Salmo 23 como un elemento recurrente de la liturgia en los funerales. Creo que puedo asumir con seguridad que muchos de los funerales a los que has asistido han incluido el Salmo 23 de alguna forma; pero no siempre fue así.

En un artículo titulado «Cómo el Salmo 23 se convirtió en un ícono secular estadounidense», William Holladay ha argumentado que el Salmo 23 no se usaba a menudo en relación con la muerte antes de la Guerra Civil Americana. Sin embargo, entre ese momento y 1880, cuando se usaba regularmente, una serie de cambios sociales y eclesiales hicieron que las interpretaciones altamente individualistas y sentimentales del lenguaje religioso fueran más comunes, de modo que desde la década de 1900 en adelante, el uso del Salmo 23 en los servicios funerarios «se había extendido masivamente».[1] Esto significa que es tan probable que te hayas encontrado con el salmo en el funeral de un incrédulo como en el funeral de alguien que conocía y amaba al Señor Jesús como a su propio pastor. Holladay identifica varias cosas sobre el Salmo 23 que se prestan a esto:

> Es corto y, por lo tanto, fácil de memorizar. Es poco exigente. No menciona el pecado ni sugiere la pertinencia de participar en ninguna comunidad eclesial. Simplemente parece afirmar que Dios (o, alternativamente, Jesús) acompaña al hablante y cuida de él o ella. [...] Es un salmo que podría usarse en contextos públicos, aceptable tanto para judíos como para cristianos, sin ofender a nadie.[2]

De esta manera, el salmo se presta a ser un «ícono secular». Es como si el texto fuera visto como «un emblema de buena ciudadanía frente a la muerte, en lugar de como una afirmación judía o cristiana».[3]

1 Me baso en el uso de Richard S. Briggs de Holladay en Briggs, *The Lord Is My Shepherd: Psalm 23 for the Life of the Church* (Grand Rapids, MI: Baker Academic, 2021), 151–52. Comp. William L. Holladay, *The Psalms through Three Thousand Years: Prayerbook of a Cloud of Witnesses* (Mineápolis: Fortress, 1993).

2 Holladay, *Psalms through Three Thousand Years*, 364, cited in Briggs, *The Lord Is My Shepherd*, 152

3 Briggs, *The Lord Is My Shepherd*, 152.

Es cierto que Dios acompaña al orador y cuida de él o ella en un sentido general en el Salmo 23, y en una cultura de sentimentalismo religioso, esto es atractivo. Pero ven conmigo para verlo más de cerca. De hecho, la gran sorpresa es *cómo* Dios acompaña al orador: la oveja está en movimiento bajo la guía del Señor en las sendas de justicia del versículo 3 hasta Su guía en el versículo 4 por el valle. El desarrollo inesperado en la historia del Salmo 23 es que las sendas de justicia del buen pastor a veces incluyen el valle de sombra de muerte. Si me encuentro en el valle de gran oscuridad, es porque Él me ha guiado allí.

Está claro en este versículo que no hemos dejado atrás la relación pastor-oveja; nuestro acompañante tiene una vara y un cayado en la mano, y en el versículo 5 se reanudarán los verbos activos para describir la actividad de nuestro anfitrión hacia nosotros mientras nos nutre y nos conduce a salvo a Su morada. Es simplemente imprudente asumir, como hacen algunos, sin pensarlo, que tenemos un pastor que nos conduce a la paz y la tranquilidad, pero que no tiene nada que decir sobre cómo las ovejas llegan a encontrarse en un desfiladero amenazador. No, el valle de sombra de muerte, los días de profunda oscuridad, no significan que hayamos abandonado las sendas de la justicia; de hecho, allí es donde a veces se encuentran las sendas de justicia del pastor. Así es como Él guía.

Digo que esto es una sorpresa porque debemos tener en cuenta la terrible intensidad de la imagen que domina el versículo: «el valle de sombra de muerte». Los comentaristas nos dicen que mientras que la traducción de la palabra «valle» es sencilla, la palabra traducida «sombra de muerte» es más discutida y más complicada. Es una sola palabra hebrea que puede significar «densa oscuridad». En muchos otros lugares del Antiguo Testamento la palabra se traduce exactamente así, por ejemplo, en Job 24:17, donde aparece dos veces:

Porque para él la mañana es como densa oscuridad,
Pues está acostumbrado a los terrores de la densa oscuridad[4] (NBLA).

Pero, como muchos comentaristas también se dan cuenta, no es tan simple como relegar la traducción «valle de sombra de muerte» a una era pasada pero mal juzgada de la traducción cuyo valor perdurable radica solo en los sentimientos ligados al poder lírico de las versiones antiguas. El hecho es, como observa Peter Craigie, que «la expresión puede haber sido usada deliberadamente para transmitir la amenaza de muerte», y señala otro texto en Job como evidencia:

¿No son pocos mis días?
Cesa, pues, y déjame, para que me consuele un poco,
Antes que vaya para no volver,
A la tierra de tinieblas y de sombra de muerte;
Tierra de oscuridad, lóbrega,
Como sombra de muerte y sin orden,
Y cuya luz es como densas tinieblas (Job 10:20-22).[5]

Aquí la idea metafórica de la oscuridad profunda está claramente ligada a un lugar sin retorno: el mundo del más allá. Esta es la muerte, no simplemente descrita sino poéticamente representada, con una elección de (no) color y una concentración que hablan inmediatamente a nuestro sentido emocional de lo que significa morir. Es un viaje lejos de la luz de lo conocido hacia la oscuridad

4 Briggs, *The Lord Is My Shepherd*, 90.

5 Peter C. Craigie, *Psalms 1–50*, Word Biblical Commentary (Grand Rapids, MI: Zondervan, 2004), 207. Briggs, *The Lord Is My Shepherd*, provee la discusión reciente más detallada y, por una ruta diferente, también defiende la conocida referencia a la sombra de la muerte en la traducción (88–93).

de lo desconocido, lejos del calor del sol hacia el frío de la tiniebla y la sombra. La profunda oscuridad del valle es una metáfora perfecta de la intrusión de la muerte en la vida.

Varios escritores han experimentado de primera mano los valles de oscuridad en Palestina, lugares donde «el agua a menudo hace espuma y ruge, desgarrada por rocas dentadas. [...] El camino se hunde hacia abajo. [...] en un profundo y estrecho desfiladero de precipicios escarpados dominados por almenas de rocas en forma de esfinge fruncidas, que casi se tocan por encima de la cabeza. Sus paredes laterales se elevan como los muros de piedra de una gran catedral».[6] Kenneth Bailey relata su propio encuentro con un lugar así donde, en 1957, una inundación repentina se desató a través de un profundo y estrecho desfiladero, matando a unos cincuenta turistas franceses y dando el sentido literal de «valle de la muerte» a un lugar físico real.[7]

No sabemos exactamente dónde o qué tenía David en mente mientras escribía. Pero, en cierto sentido, es la naturaleza indefinida y abierta de la metáfora lo que nos resulta de gran ayuda. En su época, los terrores de los animales salvajes y los enemigos sedientos de sangre estaban presentes en el valle físico, de modo que la realidad de la muerte se agazapaba en la puerta para cualquier viajero. En nuestros días, lo más probable es que nos encontremos con una oscuridad profunda de diferentes maneras. Sin embargo, del mismo modo, la muerte envía su sombra antes de tiempo sobre nuestras vidas. Richard Briggs se basa en el trabajo del erudito del Antiguo Testamento Jon Levenson para argumentar que, en la

6 Kenneth E. Bailey, *El buen pastor: Un viaje de mil años desde el Salmo 23 hasta el Nuevo Testamento* (Londres: SPCK, 2015), 47. Aquí Bailey está citando al pastor M. P. Krikorian en su libro *The Spirit of the Shepherd: An Interpretation of the Psalm Immortal*, 2.ª ed. (Grand Rapids, MI: Zondervan, 1939), 68–69.

7 Bailey, *El buen pastor*, 47

poesía antigua, la muerte no se entiende en nuestro sentido clínico moderno del momento preciso en que el corazón deja de latir, sino más bien como un terror maligno que proyecta «su influencia (de hecho, su "sombra") incluso dentro de lo que ahora llamaríamos la tierra de los vivos».[8] El creyente sabio sabe que desde el momento en que nacemos, siempre estamos en presencia de la muerte. Es solo que para la mayoría de nosotros la sombra aún no nos ha alcanzado; el sol está tan alto en el cielo que no nos damos cuenta de ello. Puede ser necesario un valle y la primera visión de la sombra de la muerte para que nos demos cuenta de que esta verdad se aplica a nosotros por nombre igual que a todos los demás. Siempre estamos muriendo.

Esta idea también se expresa en la forma inesperada en que el castigo de muerte funciona en el libro del Génesis. La prohibición de Dios del árbol de la ciencia del bien y del mal a Adán y a Eva contenía la advertencia: «...porque el día que de él comieres, ciertamente morirás» (2:17). La sorpresa, por supuesto, es que el día que comieron de él, no murieron. ¿O sí?

El desarrollo de la historia de las Escrituras revela que la muerte de Adán y Eva comenzó ese día, aunque no llegara en su totalidad ese día. Desde el momento en que vandalizaron el jardín en su rebelión contra su amoroso Padre celestial, introduciendo el pecado en el mundo, se embarcaron en un viaje de ida hacia una cita con la muerte que comenzó a proyectar su larga sombra sobre la creación que una vez fue perfecta. Como dice Juan Calvino al comentar Génesis 2:17: «Las miserias y males tanto del alma como del cuerpo, con los cuales el hombre está asediado mientras está en la tierra, son una especie de entrada en la muerte, hasta que la muerte misma lo absorbe por

8 Briggs, *The Lord Is My Shepherd*, 94.

completo».[9] Desde el momento de la caída de Adán, «la muerte comenzó su reinado en él».[10] Pero el hecho de que la muerte sea introducida tan claramente en el mundo por Dios mismo significa que podemos decir, creo, que la maldición de la muerte en el mundo es la maldición de Dios, de la misma manera que se dice que Martín Lutero dijo que el diablo es el diablo de Dios. En otras palabras, Dios está a cargo de ellos, no ellos a cargo de Él. Él no es parte de la maldición, y no está implicado en las malas obras del diablo, sin embargo, Dios es el que gobierna el mundo completa y perfectamente.

Seguiremos pensando en el valle de sombra de muerte en el próximo capítulo mientras consideramos el mayor consuelo que nos ofrece el Salmo 23. Pero el punto de este capítulo es ir lo suficientemente lento a través del salmo como para que absorbamos la seguridad y el consuelo de saber que no es posible que las ovejas tengan un encuentro con la muerte o su sombra adelantada que esté fuera del decreto de Dios y de Su cuidado amoroso y paternal. Mi oración por ti mientras lees estas líneas es que llegues a saber que el valle en el que estás es el valle de Dios y que tu buen pastor es el que te ha guiado allí. En este mismo momento, es posible que te sientas más perdido que nunca, en la oscuridad más profunda como una mortaja, pero tu Señor Jesús no está parado a tu lado perdido o rascándose la cabeza preguntándose qué hacer. Puede que todavía no sea parte de tu marco teológico que todas las cosas, incluyendo cada valle, provengan de la mano paternal de Dios. Pero tiene que serlo. Porque si Dios no está a cargo del valle, ¿cómo sabes que puede ayudarte a atravesarlo?

9 Juan Calvino, *Comentario Bíblico sobre el Primer libro de Moisés llamado Génesis*, trad. John King, vol. 1 (1847; repr., Grand Rapids, MI: Baker, 1996), 127.

10 Calvino, *Comentario Bíblico sobre el Primer libro de Moisés*, 1:128.

Leland Ryken resume el tema de nuestro famoso salmo como «el contentamiento que viene de descansar en lo suficiente que es la providencia de Dios».[11] Esta es la razón por la que los cristianos de siglos han reflexionado largo y tendido acerca de cómo Dios provee para Su pueblo en cada circunstancia de la vida, y lo mejor de tal pensamiento ha confesado que Dios nos conduce al dolor tan deliberadamente como nos conduce al placer. He aquí las palabras del Catecismo de Heidelberg una vez más, esta vez sobre el significado de la divina providencia:

Día del Señor 10

27. *¿Qué entiendes por la providencia de Dios?*
La Providencia es el poder todopoderoso y siempre presente de Dios por el cual Él sostiene, como con Su mano, el cielo y la tierra y todas las criaturas, y las gobierna de tal manera que la hoja y la hierba, la lluvia y la sequía, los años fructíferos y magros, la comida y la bebida, la salud y la enfermedad, la prosperidad y la pobreza, todas las cosas, de hecho, no nos llegan por casualidad, sino de Su mano paternal.

28. *¿Cómo nos ayuda saber de la creación y la providencia de Dios?*
Podemos ser pacientes cuando las cosas van en nuestra contra, agradecidos cuando las cosas van bien, y para el futuro podemos tener buena confianza en nuestro fiel Dios y Padre de que nada nos separará de Su amor.

11 Douglas Sean O'Donnell y Leland Ryken, *The Beauty and Power of Biblical Exposition: Preaching the Literary Artistry and Genres of the Bible* (Wheaton, IL: Crossway, 2022), 176.

> Todas las criaturas están tan completamente en Su mano que sin Su voluntad no pueden moverse ni ser movidas.

Hace muchos años recuerdo haber escuchado a John Piper aconsejar a los que enseñaban en los ministerios juveniles que lo mejor que podían dar a sus jóvenes era la «Teología del gran Dios». Las palabras del catecismo retratan a un Dios tan grande. Es el Dios que encontramos en cada parte de la historia de la Biblia, de principio a fin. La caída de Adán y Eva en el pecado en el libro de Génesis no tomó a Dios por sorpresa ni lo dejó inesperadamente considerando Sus opciones. Él no envió a Jesús al mundo como plan B, porque vino como el Cordero inmolado antes de la fundación del mundo (Apoc. 13:8). Este es el Dios de Amós 3:6, donde el profeta pregunta:

> ¿Habrá algún mal en la ciudad,
> el cual Jehová no haya hecho?

Dios está detrás de todo lo que sucede en el mundo, todo, absolutamente todo, pero no está detrás del bien y del mal de la misma manera. El desastre que azota una ciudad es siempre obra del Señor, aunque Él nunca sea autor del mal; Él permanece en control de todo pero no es contaminado en Su gloria por el mal que hacemos nosotros.

Supremamente, vemos todo esto en el camino del valle que nuestro pastor mismo recorrió a lo largo de Su vida, un camino que recorrió hasta el punto de la oscuridad más profunda en Su muerte sacrificial en la cruz. En el Evangelio de Lucas, vemos la afirmación confiada del entusiasta seguidor de Jesús: «Señor, te seguiré adondequiera que vayas» (9:57). Pero esta afirmación viene en una parte del Evangelio donde está claro que aquellos que quieren seguir no saben a dónde va Jesús. Solo Él sabe que va a morir: «Mas no le recibieron, porque su aspecto era como de ir a Jerusalén» (9:53). De hecho, la ciudad capital, con el monte del templo, se convertirá en parte del descenso del valle del pastor a medida que Él acepte voluntariamente el propósito por el cual vino: «Ahora está turbada mi alma; ¿y qué diré? ¿Padre, sálvame de esta hora? Mas para esto he llegado a esta hora» (Juan 12:27). La sombra de la muerte rodeó Su vida incluso antes de que naciera (Mat. 1:21), y al final entró en la catástrofe devastadora de las tinieblas a mediodía (Mat. 27:45).

Pero la muerte del Señor Jesús muestra una verdad asombrosa: Su experiencia del valle fue obra de hombres «inicuos» (Hech. 2:23), un acto despreciable de entregarlo a la muerte al negarlo en presencia de Pilato, quien tenía el poder de liberarlo (Hech. 3:13), *y al mismo tiempo*, esta liberación fue «por el determinado consejo y anticipado conocimiento de Dios» (Hech. 2:23). La ejecución de nuestro pastor como el clímax de Su experiencia de toda la vida en el valle de sombra de muerte es el ejemplo supremo en las Escrituras de cómo Dios tan a menudo guía a Sus hijos: «Vosotros pensasteis mal contra mí, mas Dios lo encaminó a bien» (Gén. 50:20). El pastor que guía fue llevado a morir por hombres pecadores; este sendero a la muerte era el camino de Dios hacia un mundo de bien inimaginable.

Esta profunda creencia subyacente en la soberanía del pastor y Su cuidado providencial en cada paso del camino es la razón por la que David canta sobre caminar «en» el valle. *En.* Tu valle en este momento, sea cual sea la forma que tengan sus muros opresivos, desde la depresión hasta la muerte o miles de otros tipos de oscuridad, no es el destino sino el viaje. Para el Señor Jesús, Su sendero fue la humillación de Su encarnación y la cruz de Su muerte expiatoria, y luego la corona; también para nosotros el sendero de caminar con nuestro pastor es sufrir ahora, y luego gloria. Pero sea cual sea el valle, estás caminando *a través* de él. Jesús no está delante pidiendo direcciones. No está perdido. Él sabe a dónde te está llevando. Sabe que hay un camino a través del valle y fuera de él porque esa fue Su propia experiencia del valle; Él ha estado ahí delante de ti y para ti.

Y fíjate también en la pequeña palabra «ande». Si hacemos una pausa y pensamos en lo que normalmente hacemos en la oscuridad, creo que entenderemos por qué Spurgeon dijo que cada palabra en el versículo 4 «tiene una gran cantidad de significado».

Cuando nuestros hijos eran mucho más pequeños, por alguna razón, los pisos superiores de nuestra casa (perfectamente segura) parecían estar llenos de peligros y amenazas después de la puesta del sol. A pesar de que durante el día vivían allí felices, por la noche el crujido de las tablas del piso, las habitaciones desocupadas y los espacios sombríos debajo de las camas y detrás de las puertas de los armarios adquirían una presencia siniestra para las pequeñas almas sensibles. Si alguna vez su madre o yo les pedíamos que llevaran algo al piso de arriba o que recogieran algo de la parte superior de la casa por la noche, se paraban y miraban las escaleras y se enfrentaban a una elección enteramente personal. Podían encender las luces y caminar tranquilamente hacia su destino o mantener el temido piso superior en la oscuridad y *correr* de ida y vuelta. Esta era su misión si decidían aceptarla: escapar de la oscuridad justo a tiempo, antes de perderse para siempre en los monstruos del abismo al borde de la tierra, que es el número 10 de la Avenida Beechgrove.

Podríamos sonreír, por supuesto, ante la ingenuidad de su miedo y la presencia innecesaria en sus vidas cuando simplemente están subiendo las escaleras. Pero es una imagen de cómo somos todos con lo desconocido y lo que no podemos controlar.

¿Qué clase de persona simplemente camina *a través* de la oscuridad más profunda?

Solo la persona que no tiene ninguna razón para temerla.

Tengo muchos privilegios como pastor, casi todos ellos relacionados con la variedad de relaciones que Dios me ha dado dentro de la familia de nuestra iglesia. Pero ninguno es más impresionante que los encuentros que tengo con ovejas que son capaces de seguir a su pastor en la oscuridad de la muerte. Spurgeon comenta:

> «Sí, sin embargo, *camino*», como si el creyente no acelerara el paso cuando llegara a morir, sino que aun así *caminara* tranquilamente con Dios. Caminar indica el avance constante de un alma que conoce su camino, conoce su fin, se resuelve a seguir el sendero, se siente muy segura y, por lo tanto, está perfectamente tranquila y serena.[12]

Ver el avance constante de un alma que no teme morir es uno de los espectáculos más privilegiados que puedes tener. Tal reposo proviene de saber que este es el camino del pastor y que así es como conduce. Como dice Spurgeon: «Muchos santos han cosechado más alegría y conocimiento cuando iban a morir que lo que nunca experimentaron cuando vivían». Esto proviene del conocimiento de que el camino es un paso a través, no un destino final. «Observen que no está caminando *por* el valle, sino *a través* del valle. Atravesamos el oscuro túnel de la muerte y emergemos a la luz de la inmortalidad».[13]

El Salmo 23 nos muestra que esta seguridad de las ovejas lo abarca todo. Estamos a salvo porque sabemos que el camino en el

12 Charles Spurgeon, *The Treasury of David*, 3 vols. (Peabody, MA: Hendrickson, 1988), 1:355 (énfasis original).

13 Spurgeon, *The Treasury of David*, 1:355 (énfasis original).

que estamos es el camino del pastor. Este camino es simplemente la forma en que Él nos está guiando, y debido a que somos suyos, podemos caminar y no correr.

Pero más que esto, la seguridad de las ovejas proviene de la presencia del pastor y también de las herramientas del pastor. Consideremos esas cosas de a una.

5

Dónde está

MI FAMILIA Y YO nos defendemos regularmente de los osos pardos.

Es decir, en nuestra imaginación.

Recientemente nos quedamos cautivados por la exitosa serie de televisión *Alone* [Solo]. Te la recomiendo, si no has visto nada de este extraordinario experimento de resistencia humana. El programa se trata de individuos que son arrojados a un lugar remoto simultáneamente, pero separados unos de otros, y a todos se les da la tarea de sobrevivir en el desierto todo el tiempo que puedan, completamente solos. Cada uno recibe una cámara con la que grabar su vida diaria. El entorno puede ser increíblemente hermoso, pero también es increíblemente implacable, con osos pardos, pumas, plantas venenosas y clima helado como únicos compañeros. La persona que sobrevive sola durante más tiempo gana un gran premio de dinero en efectivo. Por supuesto, puedes adivinar lo que sucede: uno por uno, de diferentes maneras, los competidores sucumben a los elementos de la naturaleza, y la experiencia se vuelve demasiado, la peligrosa aventura termina y se comunican por radio para decir que no pueden continuar. Pronto son rescatados y llevados a casa a un lugar seguro.

Parte de lo que mi familia disfruta al verlo es que nos burlamos unos de otros sobre quién de nosotros tendría menos probabilidades de ganar, por todo tipo de razones. Algunos de nosotros tenemos miedo a las moscas, por ejemplo, y mucho más a los osos gigantes; algunos estamos poseídos por una incapacidad absoluta para no estar hablando todo el tiempo con otra persona, a menos que estemos dormidos (e incluso entonces no siempre estamos seguros de que la conversación se detenga). Cada uno de nosotros piensa que seríamos los últimos en pie, y todos los demás piensan que no duraríamos ni una noche.

Sin embargo, debes saber que las personas que participan en el programa de televisión son expertos de primer nivel en supervivencia. Me canso si tengo frío y hambre en un largo paseo por el parque, pero los participantes de *Solo* no son como yo. Estas son personas que saben cómo cazar, atrapar, matar, iniciar fuegos, construir refugios, aislarse contra el viento, el agua, el hielo y la nieve, y sobrevivir contra viento y marea. Y, sin embargo, y esto es lo que hace que el programa sea tan convincente, uno por uno, lentamente, todos comienzan a desmoronarse debido al efecto brutal de estar en un lugar peligroso completamente solos. Algunos comienzan a revisitar las angustias del pasado y hablan a la cámara sobre heridas relacionales no resueltas; algunos incluso comienzan a parecer cada vez menos humanos a medida que el cuidado personal se vuelve casi imposible y luchan por encontrar comida; todos comienzan a hablar abiertamente de sus seres queridos en casa. En la comodidad de nuestras salas de estar, con nuestros seres más cercanos y queridos, podemos observar el abismo que se abre en el alma humana cuando una persona lidia con la existencia implacable de estar completa y absolutamente sola.

El espectáculo nos sumerge de primera mano en el hecho de que estar solo, realmente, verdaderamente solo, es una de las mayores dificultades que un ser humano puede soportar. Un estudio de larga duración sobre la soledad realizado por la Universidad de Harvard concluyó recientemente que «la soledad mata. Es tan poderosa como fumar o el alcoholismo».[1]

Esta es la razón por la que la confesión de fe que viene en esta sección central del Salmo 23 es tan hermosa:

> No temeré mal alguno,
> porque tú estarás conmigo (v. 4)

En el próximo capítulo veremos a David ampliar algunos elementos concretos de la presencia del pastor que fortalecieron su corazón (la vara y el cayado en las manos del pastor), y estos también son parte de la razón por la que no tiene miedo. Pero por ahora, quédate conmigo en las riquezas del simple hecho de la presencia del pastor.

Es algo asombroso caminar a través de un valle de profunda oscuridad y no temerlo por la sencilla razón de que sabes que no caminas solo.

Recuerda que esta es una de las tres grandes confesiones en el Salmo 23 que son sus latidos palpitantes: «Nada me faltará» (v. 1); «No temeré mal alguno» (v. 4); «Y en la casa de Jehová moraré por largos días» (v. 6); y es en este punto, por primera vez en el salmo, que pasamos de oír *sobre* el pastor a hablar *al* pastor. Pasamos de la tercera persona («él») a dirigirnos a Él directamente en segunda persona («tú»). El significado de las palabras, que creo que sentimos intuitivamente, es que una cosa es poder decir que alguien está conmigo, pero otra muy distinta es poder volverse hacia ese individuo y dirigirse a él personalmente diciendo: «Tú estarás conmigo». Si hablo en tercera persona, es posible que haya conocido los beneficios del pastor por ser una oveja entre muchas

1 Robert Waldinger, citado por Zain Kahn (@heykahn), «Harvard's 84 Year Old Study of Adult Development», Twitter, 11 de mayo de 2022, https://twitter.com/heykahn/status/1524422842950975489.

en el rebaño, y por supuesto eso es precioso. Pero al hablar en segunda persona, ¿no somos sutilmente conscientes de una profundización íntima de la relación? De alguna manera, es como si todas las demás ovejas no estuvieran realmente en el marco en este momento. La relación individual que se ha presumido e implicado a lo largo de todo el tiempo ahora ocupa un lugar central para que esta confesión primordial de fe resuene tan claramente: *esto es entre tú y yo, personalmente, y el consuelo más profundo que tengo es que estás* conmigo.

El consuelo de la presencia del buen pastor es aún más maravilloso cuando tomamos en serio la realidad de la oscuridad y la presencia del mal. Es muy importante tener claro que David no está diciendo que la presencia del pastor quita el mal o erradica las tinieblas, como si dijéramos «estás conmigo» significa que la habitación ahora está de alguna manera llena de luz y felicidad. No, el punto es que, *porque* «tú estarás conmigo», no temeré la oscuridad real y el mal real que estoy enfrentando. El consuelo es la presencia del pastor en medio del peligro, más que el consuelo de la eliminación del peligro.

Este no es un punto insignificante. Aquí hay un lugar donde, con el mayor respeto, deberíamos diferir con Charles Spurgeon en algunos de sus comentarios sobre este versículo. Podría predicar, como lo hace Spurgeon, que las sombras no pueden morder, matar o destruir, y que para que haya una sombra debe haber una luz, un sol, que cree la sombra, y, por lo tanto, «No temamos, entonces».[2]

Pero debemos notar, por supuesto, que esto invierte el significado del versículo. No es útil tratar con el significado de la metáfora explicando otras cosas que podrían ser ciertas acerca de

2 Charles Spurgeon, *The Treasury of David*, 3 vols. (Peabody, MA: Hendrickson, 1988), 1:355.

la metáfora en general, pero que están claramente en desacuerdo con este uso en particular. El Salmo 23:4 no aconseja que la razón de la falta de temor radique en la verdadera naturaleza de las sombras; por el contrario, su suposición, creo, es precisamente que las sombras pueden ser lugares genuinamente aterradores llenos de grotesca maldad, tal vez incluso de peligro catastrófico, y sin embargo la razón para no temer es precisamente por quién está allí con nosotros.

David no está reflexionando sobre la verdad de las sombras; está proclamando la verdad acerca de su pastor. La razón para no temer reside en quién es el pastor, dónde y cómo el pastor guía, dónde está el pastor, qué tiene el pastor en Sus manos, cómo da la bienvenida, qué envía y a dónde invita. Este es el consuelo de estar en presencia de la verdadera fuerza que ahora se dirige hacia mí con atención personal e individual para hacerme bien al satisfacer todas mis necesidades en cada punto de mi largo viaje a casa.

Puede hacer un daño inmenso a las ovejas asustadas decirles que la presencia del Señor Jesús en sus vidas debe significar el fin del peligro o la ausencia de sombras horribles. Juan Calvino es un mejor guía aquí que Spurgeon. Calvino se da cuenta de que la confesión «no temeré mal alguno» en realidad recibe su belleza del hecho de que, si se le dejara a su suerte, David tendría mucho miedo. Es un punto encantador, lleno de una profunda comprensión de la fragilidad de las ovejas en el valle. Calvino mira hacia el resto del versículo 4 y razona que si la vara y el cayado del pastor «alientan» a David, entonces «¿qué necesidad habría tenido de ese consuelo, si no hubiera estado inquieto y agitado por el temor?»[3] De hecho,

3 Juan Calvino, *Comentario del Libro de los Salmos*, trad. James Anderson, vol. 4 (1847; reed., Grand Rapids, MI: Baker, 1998), 395.

Calvino llega a sugerir que la sensación debe ser que David había sido «afligido por el temor», pero que lo que está transmitiendo aquí es su propia experiencia personal de lo que sintió al aprender a «lanzarse a la protección de Dios».[4] En otras palabras, David ha llevado su temor natural a Dios. La imagen es de la oveja temblando en el valle con peligro por todas partes, pero luego la oveja oye la voz del pastor y recuerda la presencia del pastor y siente las herramientas del pastor, y la oveja se calma. Solo entonces es verdad que la oveja no tiene por qué temer.

Muchos de los que leemos estas líneas estamos aprendiendo a caminar por el valle con nuestro pastor y a ponernos bajo Su protección. Mi oración a medida que avanzas en este libro, especialmente si actualmente estás sumergido en una profunda oscuridad, es que te tomes el tiempo para reflexionar sobre quién es el que está a tu lado dondequiera que estés. Al hacerlo, el Salmo 23 no negará las tinieblas. «El valle de sombra de muerte es una escena de gran y poco común aflicción, de tales pruebas que dominan el alma; sumérgete en el asombro; quebranta sus propósitos; llénalo de alarma y horror como el que invade a la naturaleza temblorosa ante la proximidad del "rey de los terrores"».[5] Puede que la muerte sea el «rey de los terrores», pero es un rey con muchos siervos que cumplen sus órdenes antes de tiempo. Es posible morir mil muertes antes de que muramos.

En la alegoría de John Bunyan de la vida cristiana, *The Pilgrim's Progress* [El progreso del peregrino], su descripción del valle de sombra de muerte muestra la realidad de la vida mientras realizamos nuestra travesía para estar con Cristo:

4 Calvino, *Comentario del Libro de los Salmos* 4:395.

5 J. M. Mason, citado en William S. Plumer, *Psalms: A Critical and Expository Commentary with Doctrinal and Practical Remarks* (Edimburgo: Banner of Truth, 1975), 313.

> Ahora bien, este valle es un sitio muy solitario, como lo describe el profeta Jeremías: «Un desierto, una tierra desierta y despoblada, por tierra seca y de sombra de muerte, una tierra por la cual no pasó varón sí no era un cristiano, ni allí habitó hombre [Jer. 2:6]».
>
> Si terrible había sido la lucha de Cristiano con Apollyón, no lo fue menos la que aquí tuvo que sostener.[6]

En mi propio volumen ilustrado, este es un valle en el que, como dijo mi amigo en el hospital, nadie baja rodando haciendo piruetas. En marcado contraste, y esto podría describir a dónde te ha llevado el Señor en este momento, es un camino serpenteante cortado en un barranco con un abismo a cada lado; la luz sobre la página viene solo de la boca del infierno; están las trampas de redes y los escollos mortales; hay una pila de cráneos y huesos destrozados tirados fuera de una cueva.

Esto no es fantasioso ni alarmista por parte de Bunyan. Es interesante notar que en otras partes de la Biblia se describe que el viaje de Egipto a la tierra prometida tuvo lugar no solo en una tierra salvaje, sino también

> en una tierra de desiertos y hoyos,
> en una tierra de sequía y profunda oscuridad,
> en una tierra por la que nadie pasa,
> donde ningún hombre habita (Jer. 2:6).[7]

En el Salmo 23:4, una vez más estamos en el mundo metafórico del éxodo, donde la vida de fe se conceptualiza como un viaje a la

6 John Bunyan, *El progreso del peregrino: Viaje de Cristiano a la Ciudad Celestial bajo el símil de un sueño*, ed. C. J. Lovik (Wheaton, IL: Crossway, 2009), 93.

7 Peter C. Craigie, *Psalms 1–50*, Word Biblical Commentary (Grand Rapids, MI: Zondervan, 2004), 207.

tierra prometida a través de un mundo de dolor. La palabra «mal» en el versículo 4 es de final abierto: «se puede usar tanto para el mal moral como, más en general, para las cosas que no están bien»,[8] y esa es una manera maravillosamente útil de ver nuestra peregrinación hacia la nueva creación. Ya sea que estemos envueltos en la brutal maldad de los demás y en lo que nos han hecho, o simplemente seamos golpeados hasta el punto de sentirnos asfixiados por la realidad de «las cosas que no están bien», el Salmo 23:4, en su imagen de la vida al este del Edén y de este lado de los nuevos cielos y la nueva tierra, reconoce que la oscuridad en la que a veces nos encontramos puede ser intensamente real.

Y, sin embargo, es precisamente *por* esto que lo que David confiesa en el versículo 4 es tan maravilloso. A pesar de todas estas cosas, en presencia de todas estas cosas, en el calor de ellas, dice: «No temeré mal alguno, *porque tú estarás conmigo*».

Podría ser útil volver a la serie de televisión *Solo*, que mencioné anteriormente. Una de las partes más escalofriantes del programa es cuando los concursantes son visitados en la noche por un animal mortífero. De manera verdaderamente dramática, por supuesto, por lo general solo escuchamos un crujido o un gruñido bajo, y la cámara de visión nocturna generalmente solo nos muestra el rostro humano aterrorizado dentro de la carpa, pero la voz en *off* nos habla de la presencia de un oso pardo o un puma afuera, acechando a su presa. La naturaleza invisible de la amenaza incrementa la tensión y aumenta nuestro miedo.

En estos momentos, sin embargo, mi familia, sorprendentemente, solo parece aumentar su bravuconería sobre lo que cada uno de nosotros haría o cómo no tendríamos miedo, y qué pasos

8 Richard S. Briggs, *The Lord Is My Shepherd: Psalm 23 for the Life of the Church* (Grand Rapids, MI: Baker Academic, 2021), 96.

infalibles y obvios tomaríamos para protegernos del atacante potencial. Así que en una ocasión, cuando estábamos conduciendo por el centro de nuestra ciudad a altas horas de la noche, decidí poner a prueba el magnífico coraje de mis hijos.

Al pasar por delante de la silueta de un edificio enorme pero destartalado recortada contra el horizonte, un edificio en el que hemos estado y cuyos pasillos sombríos conocemos de primera mano, le pregunté a mi tribu: «¿Quién entraría en ese edificio ahora mismo y pasaría la noche allí solo?»

Silencio total en la parte trasera del coche.

Reduje la velocidad y conduje a lo largo de la intimidante línea de sombra de la inquietante presencia del edificio. Cada uno de nosotros se quedó mirándolo. Subí las apuestas. «¿Quién entraría allí y pasaría la noche solo por un millón de libras?»

Para mi sorpresa, todavía no había respuesta en la parte trasera del auto. De repente, mis intrépidos devotos de *Alone* resultaron no estar tan seguros de querer estar solos.

Entonces les pregunté: «¿Quién lo haría gratis si yo estuviera con él?» ¡Esta vez un coro de voces respondió afirmativamente! Todos se relajaron, y pronto volvimos a bromear unos con otros sobre cómo somos claramente los exploradores más inútiles que el mundo haya visto (excepto su heroico, audaz, intrépido, osado, valiente, corajudo y gallardo padre).

¿No es esto algo del significado del Salmo 23:4? El pastor no solo está delante de nosotros, dejándonos en los destinos aterradores y mortales de la vida, y luego manteniendo una distancia prudente mientras vamos solos. El pastor no solo está adelantado para liderar; Él está al lado para escoltar.[9] Ha pasado de caminar delante (Sal. 23:1-3) a venir al lado (v. 4). Y tener a alguien

9 Derek Kidner, *Psalms 1–72* (Leicester, UK: Inter-Varsity Press, 1973), 111.

contigo en la oscuridad es todo lo que importa, ¿no es así? Lo cambia todo.

Como vimos anteriormente, en hebreo, la línea media exacta del Salmo 23 es la cláusula «porque tú estarás conmigo». En la mayor parte del pensamiento anglosajón, tendemos a poner la línea dominante al final de un argumento, a medida que avanzamos hacia un clímax persuasivo y definitivo. Pero el pensamiento hebreo a menudo funciona más bellamente al construir hasta un punto principal en el medio, y luego arrojar más color a la idea al trabajar hacia afuera desde ella nuevamente. Eso es lo que sucede aquí. Todo el salmo se centra en esta asombrosa idea de que el pastor más grande, fuerte, gentil y generoso está con nosotros. Es una maravilla que tengamos un pastor; es una gran maravilla que el pastor que tenemos sea «Jehová», el Dios que existe por sí mismo, que es fiel a Su pacto y a quien hemos llegado a conocer y amar en el Señor Jesucristo, y, maravilla de maravillas, ese pastor no está lejos de nosotros, sino que *está con nosotros.*

Martín Lutero dijo que «el Salterio es una pequeña Biblia, y el resumen del Antiguo Testamento».[10] Esa es una frase encantadora, porque muestra cómo es posible ver toda la historia de la Biblia encapsulada en partes más pequeñas de la Biblia. Y si Lutero tenía razón al decir esto acerca de los Salmos, entonces quiero sugerir que el Salmo 23:4 es en sí mismo «una pequeña Biblia» dentro de la pequeña Biblia de los Salmos, dentro de toda la Biblia. Es una hermosa verdad que el mensaje de toda la Biblia se puede resumir en tres sencillas palabras: «Tú estarás conmigo».[11]

10 Citado en Plumer, *Psalms*, 7.

11 Debo los pensamientos de este y los próximos párrafos al sermón de Jonathan Gibson sobre el Sal. 23, «Comfort for All Life», predicado en Cambridge Presbyterian Church, 28 de febrero de 2016, https://www.cambridgepres.org.uk/.

Tú estarás conmigo.

- En el Edén, Dios vivió con Adán y Eva (Gén. 3:8).
- En el monte Horeb, Dios le prometió a Moisés que estaría con él en Egipto (Ex. 3:12).
- En el monte Sinaí, Dios vino a vivir con Israel en una tienda, y habló con Moisés «cara a cara, como habla cualquiera a su compañero» (Ex. 33:11).
- En la tierra prometida, Dios vino a vivir con Israel en un templo (1 Rey. 8:11).
- En Jesús, Dios vino a vivir con Su pueblo, como Emanuel: «habitó entre nosotros» (Juan 1:14).
- Cuando Jesús preparó a Sus discípulos para Su partida, envió a Su Espíritu Santo para que pudiera venir y vivir en nosotros (Juan 14:15-17).
- Jesús prometió a Sus discípulos: «Y he aquí yo estoy con vosotros todos los días, hasta el fin del mundo» (Mat. 28:20).
- En los nuevos cielos y la nueva tierra, Dios volverá a vivir con Su pueblo. Así es como Apocalipsis lo expresa de manera culminante: «He aquí el tabernáculo de Dios con los hombres, y él morará con ellos; y ellos serán su pueblo, y Dios mismo estará con ellos como su Dios» (Apoc. 21:3).

Espero que al leer esto puedas encontrar un profundo consuelo en el hecho de que la presencia de Dios con Su pueblo es toda la Biblia en resumen. El Salmo 23:4 no es reconfortante por la singularidad de lo que dice; más bien, deberíamos encontrarlo reconfortante por la hermosa manera en que logra decir en tan pocas palabras lo que toda la Biblia dice en tantas palabras. Tienes un pastor que está contigo. El Señor Jesús, tu rey pastor y Salvador está contigo en tu valle, y siempre estará contigo, todo el tiempo que estés allí. Él nunca te dejará ni te abandonará allí.

Estoy convencido de que muchos creyentes no comprenden realmente la profundidad del amor de Dios por ellos, expresado por el hecho de que, en el Señor Jesús, Él está con nosotros. Asumimos que Dios está con la iglesia en general o con otros en la iglesia en particular, pero no conmigo. No, pensamos, realmente no puede estar *conmigo*. Y al decir esto, nos separamos de toda la trayectoria de la historia de las Escrituras, que no es solo que Dios formó un mundo y luego llenó un mundo, sino que Dios mismo vino a Su mundo, y llegó a ser conocido de una manera tan cercana y personal como una oveja con su pastor, un viajero con un acompañante, un huésped con un anfitrión, una novia con su marido, un sirviente con su amo, incluso un cuerpo con su cabeza. La historia de la Biblia es que Dios ha venido a nosotros en Jesús, de tal manera que podemos decirle: «Tú estás conmigo».

De hecho, esta es la razón por la que en el Nuevo Testamento el apóstol Pablo nunca habla de que las personas son «cristianas», como si lo que somos fuera una etiqueta o un título que usamos. En cambio, Pablo habla de que los creyentes están «en Cristo», una declaración que refleja mucho mejor la verdad suprema de nuestro estatus. Nuestra unión con Cristo no es menos real acerca de nosotros que nuestro sexo, nacionalidad, edad, estatura o cualquier otra característica definitoria que deseemos enumerar. De hecho, algunas de estas cosas pueden cambiar con el tiempo, pero nuestra unión con Cristo no lo hace. Él está «con» nosotros porque nosotros estamos «en» Él.

Como suele suceder, algunos de nuestros antepasados puritanos lo comprendieron mejor que nosotros. En su maravillosa obra *The Heart of Christ in Heaven towards Sinners on Earth* [El corazón de Cristo en el cielo hacia los pecadores en la tierra], Thomas Goodwin ofrece una profunda meditación sobre el lavado de pies que realizó

Cristo a Sus discípulos y de Su discurso de despedida en el aposento alto. Goodwin ve aquí al Señor Jesús condescendiente con «las leyes de los novios»: lee los capítulos 13–17 del Evangelio de Juan como la efusión del corazón de amor de Cristo por Sus discípulos, con el placer y el dolor de su respectiva presencia y ausencia, el hilo que recorre los capítulos.[12] Goodwin medita en estas palabras de Jesús: «Y si me fuere y os preparare lugar, vendré otra vez, y os tomaré a mí mismo, para que donde yo estoy, vosotros también estéis» (Juan 14:3). Para Goodwin, Cristo es como un esposo que primero prepara todo en la casa de Su padre y luego viene en persona a buscar a Su novia, «y no para mandar a buscarla por otros, porque este es un tiempo de amor». Y luego Goodwin dice, sorprendentemente:

> Es como si hubiera dicho: La verdad es que no puedo vivir sin ustedes, nunca estaré tranquilo hasta que los tenga donde estoy, para que nunca más nos separemos; esa es la razón de ello. El cielo no me retendrá, ni la compañía de mi Padre, si no los tengo conmigo, mi corazón está abalanzado sobre ustedes; y si yo tengo alguna gloria, ustedes tendrán parte de ella.[13]

Estas sorprendentes palabras son el intento de Goodwin de penetrar en la asombrosa realidad de Juan 13–17, capítulos que revelan que lo que el Padre, el Hijo y el Espíritu comparten entre sí, han elegido compartirlo con nosotros. Su amor mutuo es el amor que tienen por nosotros. Su deseo de estar en presencia del otro se desborda en el mismo deseo de tenernos con ellos también en Su presencia. En Juan 17:24 Jesús ora: «Padre, aquellos que me has dado, quiero que donde yo estoy, también ellos estén conmigo». El lenguaje de Goodwin se tensa en los límites mismos de lo que

12 Thomas Goodwin, *El corazón de Cristo* (Edimburgo: Banner of Truth, 2011), 15.
13 Goodwin, *El corazón de Cristo,* 16.

podemos decir acerca de cuán amados somos: «Tú has puesto mi corazón en ellos, y los has amado Tú mismo como me has amado a mí, y les has ordenado que sean uno en nosotros, así como nosotros somos uno, y por lo tanto no puedo vivir mucho tiempo separado de ellos; tengo Tu compañía, pero también debo tener la de ellos; "Quiero que estén donde yo estoy"».[14]

Muy a menudo nos descalificamos a nosotros mismos de la presencia de Cristo, y pensamos que no puede estar con nosotros porque suponemos que Su amor por nosotros se basa en nosotros, en cómo somos, en lo que hemos hecho o dejado de hacer; pero no es así. Es una verdad profunda, más profunda de lo que nos damos cuenta, que el amor del Padre por el Hijo, y el amor del Hijo por el Padre, es el mismo amor del Padre y del Hijo por nosotros (Juan 17:20-26). La comunión entre las personas de la Trinidad es una comunión a la que somos atraídos, donde el amor que se nos otorga es un amor que ya existía sin nosotros. No creemos ese amor ni lo invocamos por algo especial en nosotros; no, era el amor que ya existía sin nosotros el que se nos invita a compartir, el amor que se nos da, y así el amor del Señor Jesús por Sus discípulos muestra Su propio corazón hacia nosotros en Su deseo de estar con nosotros.

Sorprendentemente, podemos decir que si el Hijo quiere estar con Su Padre, entonces de la misma manera también quiere estar con Su pueblo.

El Señor, tu pastor, está contigo.

14 Goodwin, *El corazón de Cristo*, 26.

6

Qué sostiene

SI VES A UNA MUJER con bata verde o azul y un estetoscopio alrededor del cuello, sabes quién es y qué hace.

Si un hombre entra en tu casa para arreglar algo y tiene un martillo, una sierra, un cincel y una cinta métrica en su cinturón de herramientas colgando de su cintura, entonces sabes que no está allí para reparar tu computadora. Quién es y qué hace es evidente por lo que sostiene en sus manos.

El Salmo 23 nos enseña de una manera hermosa quién es el Señor Jesús y qué hace por lo que sostiene. Está fuertemente armado. Esta es la hermosa amplificación adicional de por qué no podemos temer al más oscuro de los valles:

> Tu vara y tu cayado
> me infundirán aliento (v. 4).

En el siglo XIX, J. L. Porter conoció a pastores en la región norte de Transjordania, la misma parte del mundo que llevó al rey David a escribir nuestro salmo. Los tiempos han cambiado, por supuesto, pero la robustez requerida para pastorear ovejas en ese lugar sigue siendo la misma. Esta es la descripción de Porter:

> Los pastores mismos no tenían nada de ese aspecto pacífico y plácido que generalmente se asocia con la vida y las costumbres pastoriles. Parecían guerreros marchando hacia el campo de batalla: un arma larga colgada del hombro, una daga y pistolas pesadas en el cinturón, un hacha de guerra ligera o un garrote con cabeza de hierro en la mano. Tales eran las herramientas; y sus ojos feroces y centelleantes y sus semblantes con el ceño fruncido mostraban con demasiada claridad que estaban preparados para usar sus armas en cualquier momento.[1]

Estamos tan acostumbrados a la dulzura del Salmo 23 que es posible que nunca hayamos sentido el acero encerrado en el terciopelo. Dale Ralph Davis dice:

> Jesucristo, nuestro Pastor, no es un debilucho demacrado. Nuestro pastor es un guerrero, como tenían que serlo los pastores. Nadie puede arrebatar Sus ovejas de Su mano (Juan 10:28). Los músculos de Su brazo están flexionados para defender a Su rebaño; no lleva un garrote por gusto. Obviamente es suficiente para lo que sea que el valle nos depare.[2]

Spurgeon dice que la vara y el cayado del pastor llevaron a David a alabarlo por «las insignias de [Su] soberanía y de [Su]

1 Esto está relatado en Dale Ralph Davis, *Slogging Along in the Paths of Righteousness: Psalms 13–24* (Fearn, Ross-shire, Escocia: Christian Focus, 2014), 168. La descripción es de J. L. Porter, *Giant Cities of Bashan; and Syria's Holy Places* (Nueva York: T. Nelson, 1867), 46.

2 Davis, *Slogging Along in the Paths*, 168–69.

cuidado misericordioso».[3] Richard Briggs sugiere que «la vara y el cayado son los símbolos visibles de la presencia invisible de Dios, que a su vez sugieren al pastor en el valle como el símbolo visible de la presencia de Dios».[4] Consideremos la suficiencia del Señor Jesús manifestada en lo que sostiene en cada mano y veamos cómo esto conforta a sus ovejas.

En primer lugar, la comodidad radica en la distinción entre los dos elementos. No son idénticos, y su diferencia es una parte importante del significado. Kenneth Bailey señala que la palabra traducida «vara» tiene un rango semántico que puede incluir «vara», «cetro» y «arma», por lo que una «vara» no es lo mismo que un bastón. «Más bien, es la principal arma ofensiva del pastor para proteger al rebaño de los enemigos, ya sean animales salvajes o ladrones humanos. El instrumento en sí mide aproximadamente setenta y seis centímetros [dos pies y medio] de largo con un extremo similar a una maza en el que a menudo se incrustan las pesadas piezas de hierro. Se convierte en un arma formidable».[5] Esta es la razón por la que textos como el Salmo 2:9 hablan del ungido del Señor que quebrantó a las naciones con «vara de hierro» (véase también Apoc. 2:27; 12:5). Es muy probable que se haga referencia a un objeto de madera, pero con hierro incrustado en él para garantizar la máxima eficacia en la mano de quien lo empuña. El propio relato de David sobre su pastoreo seguramente debe estar refiriéndose a un elemento como una vara cuando se presenta a Saúl como un combatiente capaz de enfrentarse al poderoso Goliat: «Tu siervo era pastor de las ovejas de su padre; y cuando venía un león,

3 Charles Spurgeon, *The Treasury of David*, 3 vols. (Peabody, MA: Hendrickson, 1988), 1:356.

4 Richard S. Briggs, *The Lord Is My Shepherd: Psalm 23 for the Life of the Church* (Grand Rapids, MI: Baker Academic, 2021), 101.

5 Kenneth E. Bailey, *El buen pastor: Un viaje de mil años desde el Salmo 23 hasta el Nuevo Testamento* (Londres: SPCK, 2015), 50.

o un oso, y tomaba algún cordero de la manada, salía yo tras él, y lo hería, y lo libraba de su boca; y si se levantaba contra mí, yo le echaba mano de la quijada, y lo hería y lo mataba» (1 Sam. 17:34-35).

Al mismo tiempo, Bailey argumenta que la vara del pastor no solo se usaba para pelear. Llama la atención a Levítico 27:32, donde la vara del pastor está a la vista como un dispositivo de conteo para su rebaño. La idea es que a medida que las ovejas vuelven a entrar en el redil al final de cada día, la vara se sostiene a través de la entrada del corral, y las ovejas se cuentan a medida que pasan por debajo de ella. (Hoy en día usaríamos un formulario de registro digital o un código QR escaneable para registrarse en las instalaciones). Esta es la forma en que el pastor verifica personalmente que todas sus ovejas estén presentes y contabilizadas. «De este modo, las ovejas (en el rebaño de Dios) pueden notar la vara del pastor y recordar que es un "sistema de alarma" utilizado para garantizar la seguridad de todos. Si se pierde alguna oveja, el pastor será alertado durante el "conteo de la noche"».[6] Este es un cuadro hermoso, porque el instrumento de guerra ahora se ha convertido para un uso diferente. La protección aquí no radica en un instrumento de agresión, sino en un símbolo de posesión amorosa. La vara en la mano del pastor desempeña ambas funciones; Entonces, ¿cuál es el confort para nosotros aquí en el valle?

La vara nos ayuda a saber, como dice John Goldingay, que tener el Señor «con» nosotros «no es simplemente un sentimiento. No significa mera presencia, sino también acción. [...] Esta presencia se expresa mediante una acción agresiva para derrotar a los enemigos y así proteger a aquel con quien YHWH está comprometido».[7]

6 Bailey, *El buen pastor*, 51.

7 John Goldingay, *Psalms*, vol. 1, *Psalms 1–41* (Grand Rapids, MI: Baker Academic, 2006), 351.

Vencer a los enemigos y proteger a las ovejas: ambas cosas están presentes en la obra de pastoreo del Señor Jesús por nosotros. «Mis ovejas oyen mi voz, y yo las conozco, y me siguen, y yo les doy vida eterna; y no perecerán jamás, ni nadie las arrebatará de mi mano» (Juan 10:27-28). Tal lenguaje implica, por supuesto, que algunos intentarán arrebatar, que hay fuerzas allá afuera que buscan hacer daño a las ovejas, y sin embargo estamos encerrados en la mano fuerte del pastor, que a su vez está agarrada de la mano fuerte del Padre (Juan 10:29). Esta pronta disposición a proteger a Sus ovejas deriva de que Jesús sabe exactamente quién le pertenece. Él «a sus ovejas llama por nombre, y las saca. Y cuando ha sacado fuera todas las propias, va delante de ellas; y las ovejas le siguen, porque conocen su voz» (Juan 10:3-4). Contados por Jesús, somos guiados por Jesús; guiados por Jesús, somos protegidos por Jesús; y protegidos por Jesús, somos confortados por Jesús.

Algunos de los que leemos estas líneas nos sentimos muy débiles. Las circunstancias de la vida nos han presionado y nos sentimos bastante destrozados. Este pastor, siervo de Dios, no quebrará una caña cascada ni apagará un pábilo humeante (Mat. 12:20, citando Isa. 42:3); Él es tierno con todos nuestros quebrantamientos. Pero este mismo Jesús «por medio de la verdad traerá justicia» (Isa. 42:3; Mat. 12:20). Así que deja que la vara en la mano de Jesús también fortalezca tu corazón desfalleciente; porque, recuerda, Él te está guiando por el valle, y al otro lado está la casa del Señor donde habitaremos para siempre. Siempre debemos recordar cómo termina la Biblia: al otro lado de todo esto, el Cordero gana. El Cordero gana porque también es un León. Nunca debemos confundir la ternura de nuestro Pastor con debilidad, o Su cuidado por nosotros con descuido ante todo lo que nos amenaza.

Este punto realmente puede cobrar vida para nosotros cuando consideramos cómo experimentamos este tipo de pastoreo en la vida cotidiana. Hace varios años fui a quedarme con el menor de mis dos hermanos en su apartamento en Newcastle, Inglaterra. Fue un fin de semana para recordar, ya que me presentaron a Sean, el perro mastín napolitano de mi hermano, que también provenía de la estirpe del gran danés (y seguramente de todas las demás razas de caninos enormes, tal vez incluso de caballos). Hasta el día de hoy nunca he visto otro perro tan magnífico como Sean. Completamente dócil en presencia de mi hermano, era una amenaza para todo el resto del mundo. Tú no mirarías a Sean a los ojos; no te meterías con Sean; le darías a Sean lo que quisiera cuando lo quisiera, y podías estar seguro de una cosa: caminando por la calle con Sean, mi hermano y yo también podíamos conseguir lo que quisiéramos, o eso parecía. Las multitudes se separaban. Los hombres adultos ponían sus brazos protectores alrededor de las mujeres y los niños y los sujetaban contra las paredes de los espacios estrechos mientras Sean y su séquito de dos hombres pasaban. Fue magnífico. Sean estaba con nosotros.

Recuerdo la noche mientras dormía y Sean yacía a pocos metros de mí junto a la puerta principal. En más de una ocasión me despertó su gruñido bajo, de garganta profunda, mientras la gente pasaba por el exterior. Estas personas que se dirigían a sus casas estaban demasiado cerca para el gusto de Sean, pero inocentemente no sabían del guardián con el que se encontrarían de una manera terrible si alguno de ellos entraba por la puerta como enemigo. Sonreí un par de veces mientras volvía a dormirme, casi deseando que alguien intentara un robo que nunca se le olvidaría. O que nunca sería capaz de repetir.

Tan grande, tan fuerte, tan poderoso: por una noche, tuve un pastor. No había nada que temer.

David sabe que no tiene menos seguridad en su pastor. Él le habla personalmente: «No temeré mal alguno porque tu vara está en tu mano para infundirme aliento», y eso es lo que tú y yo podemos decirle al Señor Jesús. No tolera rivales, y no tiene igual en cuanto al fervor de Su celoso amor hacia Su pueblo. Nuestro pastor no abandonará a Sus ovejas.

Pero una vara no es lo único que Jesús tiene en Sus manos: también sostiene un cayado. Si una vara era un garrote para disuadir, el cayado se usaba para dirigir, para reunir a las ovejas y para arrastrarlas. Un instrumento para la defensa, el otro para la corrección. El cayado era el equivalente del pastor a una correa para un perro; algo que se usa para entrenar y guiar a las ovejas, para mantener a las ovejas cerca y en el camino correcto, yendo en la dirección correcta. La palabra «cayado» está relacionada con un verbo que significa «presionar» y «apoyarse», algo que el pastor hace mientras camina o trepa y mientras dirige a sus ovejas. «El cayado del pastor no es para defender el rebaño de las amenazas externas, sino para cuidar de las ovejas mientras las guía diariamente en busca de comida, bebida, tranquilidad y descanso».[8] Esta herramienta adicional de pastoreo nos muestra que necesitamos ambas cosas: defensa y disciplina, protección y provisión. Es una imagen de la responsabilidad total y absoluta que el pastor asume por sus ovejas. En esta integralidad, hay desafío y hay aliento.

Muchos comentaristas señalan que la palabra «aliento» en el Salmo 23 sugiere tanto «estímulo emocional como, a veces, acción que cambia una situación, y ambos serían relevantes en este contexto».[9] Una vez más, el salmo se vincula con el lenguaje de un éxodo en el que Dios le dice al profeta Isaías: «Consolaos, consolaos, pueblo mío» porque un nuevo éxodo viene en el regreso del exilio (Isa. 40–55). El consuelo de Dios no se envía en una tarjeta de felicitación; es Dios mismo usando Su propio brazo fuerte para

8 Bailey, *El buen pastor*, 53

9 Goldingay, *Psalms*, 1:351.

redimir y rescatar a Su pueblo. Esto es lo que hace con Su vara y Su cayado en nuestras vidas. Necesitamos escuchar esto, y necesitamos ambas herramientas.

Algunos de nosotros queremos que Jesús nos proteja de nuestros enemigos con Su vara, pero no queremos que Jesús nos proteja de nosotros mismos con Su cayado. Nos gusta la idea de que Jesús sea duro con los demás; estamos menos enamorados cuando Él nos alcanza personalmente y nos dirige a un lugar al que no queremos ir. Pero ¿cuál es mi mayor enemigo en este momento mientras escribo estas líneas? Es mi propio corazón pecaminoso. Mi amor por mí mismo, mi autocompasión, mi creencia distorsionada de que la hierba podría ser más verde en otro lugar, o mi creencia profundamente retorcida y sutil de que las sendas de justicia podrían no ser el camino de la felicidad. «Propenso a vagar, Señor, lo estoy sintiendo, / propenso a dejar al Dios que amo», dice el himno.[10] Oh, cómo necesito que el cayado de Cristo en mi vida me lleve continuamente de regreso a Él.

Algunos de nosotros nos hemos desviado de las sendas de justicia del pastor, y estamos pastando en campos que sabemos que nunca deberíamos haber visitado. Si somos sinceros, nos preguntamos cómo llegamos allí. Puede ser que estemos en una relación en la que sabemos que no deberíamos estar, o que estemos pensando en entrar en una en la que sabemos que no deberíamos estar pensando. Cualesquiera que sean los detalles, podemos sentir que se ha abierto una nueva distancia entre nosotros y el pastor, y entre nosotros y otras ovejas, y todo se debe a que nos hemos ido poniendo lenta pero seguramente fuera del alcance de Su cayado.

Puede ser que no estemos leyendo nuestras Biblias tanto como solíamos hacerlo, o que no estemos en la iglesia tanto como

10 Robert Robinson, «Come, Thou Fount of Every Blessing» (1758), https://hymnary.org/.

solíamos estar. Desde hace algún tiempo nos hemos enfriado al hablar con otros acerca del Señor porque hemos sentido una vergüenza progresiva al hacerlo. Tal vez no estemos escuchando las reprimendas amorosas o los consejos de nuestros amigos cristianos como lo hacíamos antes. Nos sumergimos y nos zambullimos para mantenernos fuera del alcance del anzuelo del cayado del pastor. Tal vez todavía nos guste que nos asocien con una iglesia particular y un grupo de ovejas con las que estamos familiarizados. Todavía no nos hemos ido, pero estamos empezando a vagar fuera de alcance. La vara y el cayado no nos infunden aliento.

Algunas personas se sorprenden al descubrir que los ancianos de una iglesia tienen tanto la vara como el cayado en sus manos. Es por eso que los ancianos se reúnen, no solo para orar y planificar, sino también para pastorear el rebaño, y a veces ese trabajo es doloroso, desgarrador y difícil cuando los pastores trabajan para hacer volver a las ovejas descarriadas. He llegado a aprender que a veces las mismas ovejas a las que les gusta la idea de que los ancianos las defiendan de los lobos con una vara, manteniendo la falsa enseñanza fuera de la iglesia, se llevan una gran sorpresa cuando sienten el cayado del pastor sobre su hombro, cuando son buscadas con delicadeza y amor porque no han estado mucho en la iglesia recientemente. Los pastores con varas y cayados en la mano no pertenecen a las reuniones detrás de papeles. Están con las ovejas en las cafeterías, en las salas de estar y en las camas de los hospitales; pastorean en cementerios y crematorios y en la sala de consejería; sirven pan y vino en una mesa y vierten agua de una fuente o en un tanque o en un río. Los pastores se preguntan unos a otros dónde están con el Señor en este momento, y les preguntan a las ovejas dónde están con el Señor hoy. Aman Su cayado en sus vidas y en las vidas de su rebaño.

Tal vez este salmo esté funcionando como un botón de reinicio para tu vida mientras lees. Tal vez sea hora de hacer clic en actualizar en la pantalla de inicio de tu vida y comenzar de nuevo.

Tal vez sea hora de volver a casa.

Tal vez sea hora de mirar hacia arriba y ver qué tan lejos te has desviado, pero, mientras lo haces, ver al pastor que está esperando para caminar contigo nuevamente.

Tal vez sea hora de hablar con alguien.

O tal vez simplemente es hora de seguir mirando hacia adelante y seguir caminando con Jesús como lo has estado haciendo durante más años de los que puedes contar.

Creo que el sentido que tenemos de si nuestras almas están siendo restauradas diariamente por el Señor Jesús (Sal. 23:2) será directamente proporcional a nuestra necesidad sentida de estar en la presencia de nuestro pastor y pasar tiempo con Él. Si pensamos que no lo necesitamos, no seremos restaurados por Él. Lo mismo ocurre aquí: el miedo que sentimos en el valle será directamente proporcional a nuestra necesidad de estar en Su presencia. Si no sentimos nuestra necesidad de Él, estaremos yendo solos en la oscuridad. Pero nuestra entrada y salida con Él, nuestra fácil familiaridad con Él y Su palabra y Su pueblo y Sus medios de gracia en la predicación, la oración, la recepción de la Cena del Señor y la celebración del bautismo, estas son las formas en que Su vara y Su cayado ofrecerán a nuestras almas el aliento más profundo.

Cuanta más distancia establezcamos entre nosotros y estos medios de gracia, estas muestras de la presencia fuerte y amable del pastor, más temor habrá en el valle.

El Señor es mi pastor, nada me faltará.
Me hace recostar
en verdes pastos: me guía
por las aguas tranquilas.

Restaura mi alma;
y yo, para andar, me adentro
en las sendas de la justicia,
por causa de su propio nombre.

Sí, aunque ande por el valle oscuro de la muerte,
no temeré mal alguno;
porque tú estás conmigo; y tu vara
y tu cayado me consuelan todavía.

Has servido mi mesa
en presencia de mis enemigos;
Unges mi cabeza con aceite,
y mi copa rebosa.

La bondad y la misericordia toda mi vida
de seguro me seguirán;
y en la casa de Dios para siempre
estará mi morada.

WILLIAM WHITTINGHAM Y OTROS (1650)

basado en el Salmo 23

PARTE 3

EL HUÉSPED Y EL ANFITRIÓN

Aderezas mesa delante de mí
 en presencia de mis angustiadores;
Unges mi cabeza con aceite;
 mi copa está rebosando.
Ciertamente el bien y la misericordia me seguirán
 todos los días de mi vida,
Y en la casa de Jehová moraré
 por largos días.

SALMO 23:5-6

C. S. LEWIS ENTENDIÓ el Salmo 23 mejor de lo que pensaba.

Quizá te sorprenda escuchar que Lewis fue incapaz de reconciliar la belleza de los versículos 1-4 del Salmo 23 con lo que él consideraba un espíritu de odio en el versículo 5, un espíritu «casi cómico en su ingenuidad».

Para Lewis, la idea de que un anfitrión pudiera invitar a su huésped a un banquete mientras a sus enemigos se les hace mirar es irremediablemente malicioso. «El disfrute del poeta de su prosperidad actual no sería completo a menos que esos horribles enemigos (que solían mirarlo con desprecio) lo vieran todo y lo odiaran [...] La mezquindad y la vulgaridad de esto, especialmente en un entorno así, son difíciles de soportar».[1]

Sin embargo, a pesar de todo esto, tengo una escena favorita en *The Lion, the Witch and the Wardrobe* [El león, la bruja y el armario] de Lewis que nunca deja de hacerme sonreír porque expresa el verdadero significado del Salmo 23:5 de manera tan hermosa.

Alrededor de la mitad de *El león, la bruja y el armario*, Lewis nos da dos capítulos: «The Spell Begins to Break» [«El hechizo comienza a romperse»] y «Aslan Is Nearer» [«Aslan está más cerca»]. En este punto de la fábula, el poder de la bruja blanca está disminuyendo, los páramos helados de Narnia se están derritiendo, el invierno se está retirando y la Navidad está regresando. En una tierra donde siempre era invierno y nunca Navidad, ahora están resurgiendo cosas hermosas: Papá Noel está de regreso, hay presentes y regalos, y con Aslan más cerca y en movimiento, sabemos que nos dirigimos a un enfrentamiento con la bruja blanca. Mientras corre hacia la mesa de piedra, ella se topa con esta escena:

1 C. S. Lewis, *Reflections on the Psalms* (Londres: Fontana, 1961), 23–24. La misma idea está presente en diferente forma en Harold S. Kushner, *The Lord Is My Shepherd: Healing Wisdom of the Twenty-Third Psalm* (Nueva York: Knopf, 2003), 125–34.

> ... Una alegre fiesta, una ardilla y su esposa con sus hijos y dos sátiros y un enano y un viejo zorro, todos sentados en taburetes alrededor de una mesa. Edmundo no podía ver muy bien lo que estaban comiendo, pero olía delicioso y parecía haber adornos de acebo y no estaba del todo seguro de no haber visto algo parecido a un pudín de ciruelas.[2]

Cuando la bruja blanca llega a la fiesta, retrocede indignada y horrorizada:

> –¿Qué significa todo esto? –preguntó la Reina bruja. Nadie respondió.
>
> —¡Hablen alimañas! —dijo de nuevo—. ¿Qué significa toda esta glotonería, este despilfarro, este desenfreno? ¿De dónde sacaron todas estas cosas?[3]

C. S. Lewis escribía mejor de lo que sabía.

> Aderezas mesa delante de mí
> en presencia de mis angustiadores;
> Unges mi cabeza con aceite;
> mi copa está rebosando (Sal. 23:5)

Este pequeño y extraño episodio de *Las Crónicas de Narnia* pasa desapercibido muy a menudo y, sin embargo, añade un elemento maravilloso a la historia. Porque, de una manera alusiva y discreta, se las arregla para sugerir que, al fin y al cabo, el punto de todo no es la guerra ni el choque del bien y el mal, sino el compañerismo y

2 C. S. Lewis, *El león, la bruja y el armario* (1950; repr., Londres: HarperCollins, 1980), 105.

3 Lewis, *El león, la bruja y el armario*, 105–6.

la fiesta. En un mundo renovado, hay un gozo desbordante en los deliciosos regalos del Rey y en la pródiga bondad de Su reinado.

En esta sección final del libro nos acercamos al fin de nuestro viaje con el pastor. A lo largo de todo el salmo, las ovejas están en el mundo, en la naturaleza, y siguen al pastor, siendo restauradas y confortadas por Él, pero el objetivo final es siempre tener a las ovejas seguras en el redil al terminar el día. En estos versículos finales del Salmo 23 llegamos a su tercera gloriosa confesión de fe. Esto es lo que el Señor Jesús hará por nosotros:

> Y en la casa de Jehová moraré por largos días (v. 6).

Desde este punto de vista podemos mirar hacia atrás en el viaje: «Los delicados pastos pueden ser el lugar normal, el valle de sombra de muerte el lugar espantoso, delante de los enemigos el lugar peligroso, y la casa del Señor el lugar de morada».[4]

En cada lugar, en cada etapa de la vida, el pastor está con nosotros, y hay más para saborear aquí de Su deliciosa presencia mientras nos lleva a casa.

4 Dale Ralph Davis, *Slogging Along in the Paths of Righteousness: Psalms 13–24* (Fearn, Ross-shire, Escocia: Christian Focus, 2014), 173.

7

Cómo da la bienvenida

CUANDO ESTAMOS CERCA del Señor Jesús, de la misma manera que David está cerca de su pastor en el Salmo 23, entonces hay muchas facetas diferentes en nuestra relación con Él.

Los comentaristas observan bien que en los versículos 5-6 del salmo las imágenes cambian de la oveja y el pastor a la del huésped y anfitrión. Pasamos ahora de las imágenes de pastos y aguas, y de varas y cayados, a aceite en la cabeza y copa en la mano. Es como si David se dirigiera al Señor como su pastor y lo alabara: «Tu cuidado por mí es tan completo, tan absoluto que, más que la forma en que un pastor amoroso trata a una oveja preciosa, tú me tratas como un anfitrión espléndido trata a un huésped especial». El hecho de que esta sea una imagen de cuidado total es la razón por la que no debemos pensar en ella como una transición que deja de lado la idea del Señor como nuestro pastor; más bien así es *como* Él pastorea. Es una forma de decir que no hay límites para lo que Él hace por nosotros, incluso se extiende hasta este punto.[1]

1 Véase Richard S. Briggs, *The Lord Is My Shepherd: Psalm 23 for the Life of the Church* (Grand Rapids, MI: Baker Academic, 2021), 102; Peter C. Craigie, *Psalms 1–50*, Word Biblical Commentary (Grand Rapids, MI: Zondervan, 2004), 207.

Esta parte del salmo es donde, quizá más que cualquier otra, algunos comentaristas se pierden en los detalles especulativos de lo que las palabras individuales y el cuadro completo podrían estar mencionando. En contraste, quiero sugerir que todas las partes distintas del versículo 5 se entienden mejor a la luz de la atmósfera general que crean al combinarse. Este sentido acumulativo del todo puede permitirnos exponer los detalles de manera muy simple para ver cómo están llenos de significados muy ricos.

La palabra más importante en el título de este capítulo es «Cómo». Ese es el aroma del Salmo 23:5. Sí, estamos entrando en un nuevo dominio, pasando de la idea del cuidado del mundo animal al cuidado preparado para los humanos, pero no te muevas tan rápido como para que no adviertas *cómo* está operando este anfitrión. Mira la *forma* en que lo hace.

Nota de inmediato que permanecemos muy cómodamente en el reino de la segunda persona: «[*Tú*] Aderezas mesa delante de mí». Tal vez, como yo, tú hayas estado presente en alguna exquisita función a la que fue un placer asistir, pero no conociste al anfitrión ni pudiste hablar con él o ella personalmente. Tal vez el anfitrión estaba demasiado ocupado o era demasiado importante, o tu asociación con él o ella era demasiado distante porque estabas en el evento solo a través de una débil conexión de segunda o tercera mano. Te beneficiaste de la generosidad del anfitrión y disfrutaste de lo que ofrecía su mesa, pero no conocías al anfitrión y él o ella ciertamente no vinieron a buscarte.

Espero que a estas alturas sea evidente cómo el Salmo 23:5 es tan diferente de esto en lo que nos ofrece durante nuestro viaje con nuestro pastor a través de nuestro desierto de éxodo. Él nos recibe en persona y podemos conocerlo personalmente. Es como si, en todo el discurso de David acerca de su pastor en el Salmo 23, lo que está diciendo es tan maravilloso que, cuando llega al versículo 4, pasa de hablar *sobre* el Señor a hablar *al* Señor mismo, de frente, por así decirlo, y se dirige a Él directamente:

> No temeré mal alguno,
> porque tú estarás conmigo.

Y simplemente continúa, ahora no puede detenerse ya que el lenguaje de la alabanza fluye de él:

> Aderezas mesa delante de mí...
> Unges mi cabeza con aceite (v. 5).

Lo que se dice es hermoso, por supuesto, pero se entrega en el trato directo y la estrecha intimidad de la relación personal.

Una de mis oraciones mientras escribo estas líneas es que, al leer este libro, digas la palabra «tú» al Señor Jesús muchas veces. Sí, este es un libro acerca de nuestro pastor, compañero y anfitrión, pero es mi propio y débil intento de llevarnos a adorarlo por ser todas estas cosas para nosotros, y la adoración siempre pasa de la descripción en tercera persona a la adoración en segunda persona. Domingo tras domingo en la Iglesia Trinity de Aberdeen, una de mis oraciones es que nunca estemos mucho tiempo en nuestra adoración unida antes de que cada persona en la sala le diga «tú» a Dios: en sus corazones o en voz alta, dirigiéndose a Él personalmente como Creador, Padre, Maestro, Salvador, Pastor, Rey, Amigo y Juez. Cuando no conoces a alguien o estás fuera de una relación con alguien, solo hablas de «él» o «ella». Pero cuando conoces y amas y quieres estar con alguien, dices «tú».

¿Dónde estás con Él?

Profundicemos en ello pasando de los pronombres a los verbos. Aquí hay tres verbos, dos de ellos describen la actividad explícita del anfitrión y el tercero hace implícita su actividad: «*aderezas* mesa», «*unges* mi cabeza» y «mi copa *está rebosando*», en el sentido de que Él llena mi copa hasta desbordar. El anfitrión es activo y yo soy pasivo; Él es el que da tanto y yo soy el que recibo todo lo que Él da. Cada detalle es precioso. Puramente debido a la benevolencia de nuestro anfitrión, hemos pasado de la amenaza en el versículo 4 al triunfo en el versículo 5, y nos encontramos, en palabras de Derek Kidner, en una «mesa bien puesta», nuestros cuerpos perfumados con «aceite festivo» y nuestras manos sosteniendo una «copa rebosante».[2]

La palabra para «preparar» se usa en el Antiguo Testamento para poner las cosas en orden. La ocasión podía ser cualquiera, desde una fiesta, como aquí, hasta un caso legal (Sal. 50:21), pero la palabra se usaba particularmente para describir el ministerio sacerdotal de «poner el fuego del altar y arreglar las porciones de la ofrenda quemada (Lev. 1:6ss)», señala Kidner.[3] Es decir, la palabra describe la exactitud del cuidado y la atención a los detalles, y estas son siempre las marcas de los mejores anfitriones.

Un amigo nos visitó una vez por la noche. Había venido a petición nuestra, me estaba ayudando con una situación pastoral dolorosa, y había viajado cierta distancia para estar con nosotros. De alguna manera, esa noche, sin embargo, se nos cruzaron los cables de una manera muy vergonzosa. Nosotros pensamos que lo estábamos invitando a tomar un café y conversar; él pensó que la invitación incluía comida, y llegó a nuestra casa con el estómago vacío. Finalmente, nuestro pobre huésped no pudo evitarlo más y, por pura hambre, confesó que no había comido porque pensaba que íbamos a compartir una cena juntos. Te puedes imaginar la vergüenza que

2 Derek Kidner, *Psalms 1–72* (Leicester, UK: Inter-Varsity Press, 1973), 111–12.

3 Kidner, *Psalms 1–72*, 58.

había por todas partes, la búsqueda por las alacenas, las excusas y disculpas con la cara roja y la sensación muy real de que, aunque sin quererlo, habíamos fracasado como anfitriones de nuestro invitado. Nos tomó completamente desprevenidos.

W. S. Plumer observa que «preparar una mesa era preparar un banquete. Era hacer algo más que dar una hogaza de pan a un peregrino cansado. Era detenerlo como huésped y presentarle lo mejor de todo lo que se podía tener dadas las circunstancias».[4] Me encanta la idea de «detener» a alguien para tratarlo como a un invitado. A menudo usamos ese término de una manera negativa: por lo general, detenemos con el fin de castigar o restringir y para hacer cosas malas sobre alguien. Pero Plumer ha capturado el sentido del Salmo 23:5: el Señor nos está haciendo frenar donde estamos, y nos está reteniendo por un tiempo, deteniéndonos, específicamente para poder sorprendernos con todo el alcance de Su mejor cuidado. Calvino dice que la idea de que Dios preparara una mesa para David «significa que Dios le proveyó de sustento sin problemas ni dificultades de Su parte, tal como si un padre extendiera Su mano para dar de comer a Su hijo».[5]

Considera también la cabeza ungida con aceite y la copa llena a desbordar. Al igual que recibimos los abrigos de los visitantes cuando llegan a nuestras casas, en la cultura de David les lavaríamos los pies y les perfumaríamos la cabeza con aceite. Al igual que nunca dejaríamos a un invitado sediento, mirando un vaso vacío y preguntándose si alguna vez habrá una recarga, también este anfitrión se asegura de que la copa de sus invitados nunca quede vacía. La palabra para «ungir» aquí no es la palabra que

4 William S. Plumer, *Psalms: A Critical and Expository Commentary with Doctrinal and Practical Remarks* (Edimburgo: Banner of Truth, 1975), 314.

5 Juan Calvino, *Comentario del Libro de los Salmos*, trad. James Anderson, vol. 4 (1847; repr., Grand Rapids, MI: Baker, 1998), 396.

se usa con frecuencia en todo el Antiguo Testamento para la unción ritual de reyes o sacerdotes; más bien, el sentido más literal de la palabra es «estar gordo o engordar».[6] Una traducción podría decir: «Engordas mi cabeza con el aceite».[7] Aunque esto nos parezca extraño, el sentido es simplemente la liberalidad del anfitrión; la provisión es lujosa y rica, no exigua ni mínima. La unción es un gesto de hospitalidad, y es generosa, por eso la copa se desborda. Hablar de «mi copa» es referirse a «la experiencia de vida del salmista».[8] David está diciendo aquí que las bendiciones del Señor han fluido libremente en cada parte de su existencia, de tal manera que por todas partes ve la generosidad del Señor para con él personalmente.

El estudio de Kenneth Bailey sobre el Salmo 23 es una delicia de leer en este punto, no solo por su comprensión de la hospitalidad en la cultura de Medio Oriente, sino también porque arroja luz sobre lo que tal lenguaje muestra acerca de la naturaleza de Dios. Bailey cita el trabajo de George Lamsa:

> En Oriente, la fama de un hombre se difunde por medio de su mesa y su fastuosa hospitalidad más que por sus posesiones. Tanto los extraños como los vecinos discuten sobre las mesas en las que han sido invitados. Estos cuentos se difunden de una ciudad a otra y se transmiten de una generación a otra. Hay bastantes chismes en cuanto a cómo se recibe a los invitados y a los extraños.[9]

6 Briggs, *The Lord Is My Shepherd*, 108.

7 James M. Hamilton, *Psalms*, vol. 1, Evangelical Biblical Theology Commentary (Bellingham, WA: Lexham, 2021), 297.

8 Craigie, *Psalms 1–50*, 208.

9 Kenneth E. Bailey, *El buen pastor: Un viaje de mil años desde el Salmo 23 hasta el Nuevo Testamento* (Londres: SPCK, 2015), 54. Bailey está citando a George Lamsa, *The Shepherd of All: The Twenty-Third Psalm* Filadelfia: Holman, 1930), 65–66.

En la sociedad tradicional de Medio Oriente, «el dueño de la casa *proporciona* la comida, no la *prepara*».[10] Abraham, el anfitrión, ordena que se prepare comida para sus invitados (Gén. 18:1-8); el padre en la parábola del hijo pródigo ordena que se prepare un banquete (Luc. 15:22-23). El anfitrión no prepara el banquete por sí mismo.

Cuán asombroso es, entonces, que este salmo esté vistiendo al Señor de la zarza ardiente —el gran «Yo soy», que no tiene necesidad de nada ni de nadie— en el lenguaje de un anfitrión que es generoso más allá de toda comparación con aquellos que tienen tal necesidad. El más grande de los anfitriones mismo prepara el más fastuoso de los banquetes para la más humilde de las criaturas. ¡Cuán asombroso es que se vea aquí al Señor de los cielos extendiendo Su fama por toda la tierra, queriendo ser conocido como una cierta clase de anfitrión! Esta es una faceta de la exhibición de Su propia gloria, el Señor haciendo todo «por amor de Su nombre» (Sal. 23:3), que a menudo pasamos por alto porque asociamos la gloria y la fama de Dios con Su fuerza y salvación más que con Su atención individual a aquellos a quienes ha redimido. Pero está en la naturaleza de Dios servirnos tanto como salvarnos.

Tú sabes, simplemente sabes, cuando has estado con buenos anfitriones. ¿No estás de acuerdo? Es imposible no verlo. Los pequeños toques, la atención al detalle, la amplitud del cuidado. El Salmo 23 es un retrato de uno de esos anfitriones.

¿Sabes cómo te recibe Dios? ¿Sabes lo bueno que es el Señor Jesús en el cuidado hacia ti, Su huésped? Su acogida es insuperable.

Algunos de los que leemos estas páginas tenemos una arraigada creencia de que somos en gran medida irrelevantes para Dios. Nos hemos equivocado, hemos metido la pata, hemos abandonado o

10 Bailey, *El buen pastor*, 55 (énfasis original).

tal vez nos hemos agotado, pero todavía no hemos visto completamente que con este pastor y este anfitrión tenemos el tipo de bienvenida que nunca habíamos visto. ¿Es el Señor miserable o magnífico?

Haz una pausa y pregúntate: En mi mente, ¿cómo es Dios? ¿Pienso en Él como el Grinch o es como Papá Noel? Creo que esta es la razón por la que C. S. Lewis pinta a Santa Claus en *El león, la bruja y el armario*. Con Aslan instalado de manera segura como la figura de Cristo en las historias, es como si Lewis no pudiera evitar incluir también a Santa Claus. Cuando Aslan está destruyendo la maldición y el invierno se está convirtiendo en primavera, bueno, *por supuesto* que va a ser Navidad y *por supuesto* que va a haber regalos.

¿Cómo es Dios para ti? ¿Es como el más generoso de los padres, que pone el calcetín sobre tu cama o lo llena sobre la chimenea mientras duermes, de modo que te despiertas a un mundo maravilloso de generosas bondades y regalos alrededor del árbol en una casa abarrotada hasta rebosar de cosas buenas? ¿O es Dios como el director de la escuela con su reglamento en la mano y su ojo vigilante listo para atraparte en tu próxima fechoría?

Algunos cristianos que conozco son avaros. No dan su dinero adecuadamente, ni su tiempo, ni ningún otro recurso; no dan nada de lo que podrían o deberían dar. La simple razón por la que no lo hacen es que no son como Dios en la forma en que Él da, y la razón por la que no son como Él es que no lo han visto adecuadamente por quién realmente es. Una vara y un cayado en Sus manos, sí, claro, por supuesto. ¿Pero perfume y vino? Seguramente debe haber algún error.

Es un hecho de la vida que nuestra reputación nos precede en la forma en que damos y en la forma en que damos la bienvenida. Puede que te sorprenda, pero te garantizo que las personas con las que te codeas todos los días tendrán una impresión de ti como mezquino o generoso. Tal vez la mayoría de nosotros nos sorprenderíamos si supiéramos lo que los demás piensan de nosotros en este sentido. Muchos de nosotros pensamos en nosotros mismos con liberalidad de corazón, mientras que otros solo experimentan de nuestra mano lo mínimo.

Todo esto es un desafío a nuestra tacañería cuando reflexionamos de nuevo sobre lo generoso que es el Señor Jesús, y cómo lo es para mí personalmente, entre todas las personas. Jesús sabía que la gente lo estaba evaluando todo el tiempo en función de Su comunión en la mesa. «Vino el Hijo del Hombre, que come y bebe, y decís: Este es un hombre comilón y bebedor de vino, amigo de los publicanos y de pecadores» (Luc. 7:34). Eso hace que Jesús sea tu amigo hoy; lo convierte en mi amigo, el tipo de amigo que acoge a los pecadores. Jesús comió con pecadores, y todavía lo hace. Cada vez que compartimos pan y vino juntos alrededor de Su mesa, recordamos la asombrosa maravilla de que el Dueño de la casa coma y beba con los sirvientes de la casa, y que haya dado Su vida por nosotros y nos llame Sus amigos. Cada comida en el desierto es un anticipo del banquete venidero: «Bienaventurados aquellos siervos a los cuales su señor, cuando venga, halle velando; de cierto os digo que se ceñirá, y hará que se sienten a la mesa, y vendrá a servirles» (Luc. 12:37). ¿Más vino? ¿Una segunda porción? Un día Jesús te lo preguntará personalmente.

Estas asombrosas acciones de Jesús, nuestro anfitrión, nos ayudan, creo, con algunos de los otros detalles en el Salmo 23:5:

> Aderezas mesa delante de mí
>   en presencia de mis angustiadores.

Muchos comentaristas han derramado mucha tinta sobre la cuestión de qué podría ser esta «mesa», quiénes son estos «angustiadores» y qué dice acerca del Señor que prepararía un banquete en presencia de ellos. Algunos sugieren que la mesa es literalmente la meseta alta de una cadena montañosa, como la Montaña de la Mesa en Sudáfrica, por lo que la idea es que el pastor ha llevado a las ovejas hasta allí para que se alimenten a la vista de los depredadores y, sin embargo, las protege.[11] Algunos sugieren que la mesa es la mesa de madera elevada, como un comedero moderno, en el que algunos pastores alimentaban a sus ovejas a causa de ser los enemigos de los parásitos en el suelo.[12] Otros (creo que mucho más plausiblemente) señalan 2 Samuel 17:27-29, donde David está huyendo de Absalón y es literalmente alimentado por soldados mientras es perseguido.[13] El mismo debate se aplica a «los enemigos» en el versículo; Hay muchas ideas por ahí sobre quiénes podrían haber sido.

De hecho, podemos recibir un poco de ayuda de la falta de especificidad en el texto. El final abierto nos sirve. A veces la Biblia es así. Simplemente no sabemos, por ejemplo, cuál era el «aguijón en la carne» del apóstol Pablo (2 Cor. 12:7), y eso es algo muy bueno. Porque nos impide limitar las aplicaciones de la suficiencia de la gracia de Dios y Su poder perfeccionado en la debilidad (2 Cor. 12:9) a la aflicción específica de Pablo. Nos permite beneficiarnos de este texto en una serie de conexiones diferentes. Dios tiene Sus maneras de mantener humildes a las personas que de otro modo podrían estar orgullosas, y tiene muchos medios diferentes de debilitar a las personas para mostrar Su fuerza.

11 W. Phillip Keller, *A Shepherd Looks at Psalm 23* (Grand Rapids, MI: Zondervan, 1970), 91–99.

12 J. Douglas MacMillan, *The Lord Our Shepherd* (Leyland, UK: Evangelical Press of Wales, 1983), 115–18.

13 Alec Motyer, *New Bible Commentary* (Leicester, UK: Inter-Varsity Press, 1994), 500–501; Dale Ralph Davis, *Slogging Along in the Paths of Righteousness: Psalms 13–24* (Fearn, Ross-shire, Escocia: Christian Focus, 2014), 169.

Así es aquí. Así como hay cosas en esta vida que casi pueden quebrarte (2 Cor. 12), así también hay muchos enemigos diferentes de Cristo y Su rebaño en este mundo (Sal. 23). Hay lobos, ladrones y perseguidores; está el mundo mismo, la carne y el diablo. El punto de todo esto es que cuando los enemigos están en tu contra, Jesús está a tu favor y contigo. Cuando todos los demás nos abandonan, Jesús nos da la bienvenida, nos cuida, nos protege y nos alimenta.

De hecho, es mucho más útil para nosotros ver lo que estas cosas significaron en los días de Jesús y en Su propia vida y ministerio. Una vez más, debemos leer el lenguaje del Salmo 23:5 como un eco del éxodo que se hace más fuerte y más claro en el ministerio de Jesús para que veamos toda la belleza del significado del versículo a su luz. En el Salmo 78 leemos acerca de la rebelión de los israelitas contra Dios en el desierto:

> Pues tentaron a Dios en su corazón,
>   Pidiendo comida a su gusto.
> Y hablaron contra Dios,
>   Diciendo: ¿Podrá poner mesa en el desierto? (vv. 18-19)

Esto significa que no necesitamos conocer los detalles de la situación de David en el Salmo 23 para saber que está contando historias moldeadas por el éxodo sobre la fidelidad del pacto de Dios y la provisión constante a Su pueblo rebelde y descarriado. Cuando el Señor rescata y redime, Sus ovejas se rebelan. Cuando provee y alimenta, Sus ovejas refunfuñan y dudan. Este salmo es la propia expresión de David de ir contra la corriente del desierto; es su amor afectuoso por su pastor-anfitrión confesando que, contrariamente a la tendencia natural de las ovejas egoístas, David está aprendiendo que, de hecho, siempre se puede confiar en Dios.

Ya hemos visto cómo en el Evangelio de Marcos Jesús alimenta a personas hambrientas en un lugar desolado, pero lo hace ante la duda y la incredulidad sobre Su capacidad para satisfacer sus necesidades (Mar. 6:34-37). Lo mismo sucede de nuevo en Marcos 8: «Sus discípulos le respondieron: ¿De dónde podrá alguien saciar de pan a estos aquí en el desierto?» (Mar. 8:4). Esas palabras son casi un eco directo del Salmo 78:19. Jesús es el anfitrión que ha venido a guiar a Su pueblo a casa alimentándolos, pero ellos no reconocen quién Él es o lo que Él puede dar.

Y más que esto, Jesús lo hace todo en presencia de Sus enemigos. ¿Recuerdas a Herodes acechando en el fondo en Marcos 6, con la amenaza implícita de que lo que le sucedió a Juan el Bautista le sucederá a todos los que predican el mismo mensaje que él? Kenneth Bailey señala cuánto de lo que Jesús come y bebe en los Evangelios ocurre en presencia de aquellos que lo critican por Su elección de compañeros culinarios o incluso llegan a ver Sus hábitos alimentarios con ojos asesinos.[14] «Al ver esto, todos murmuraban, diciendo que había entrado a posar con un hombre pecador» (Luc. 19:7). A medida que se extiende la mesa, la cruz comienza a asomarse.

Todo esto ayuda con la desafortunada interpretación del Salmo 23:5 proporcionada por C. S. Lewis. Recordemos que para Lewis hay una «mezquindad y vulgaridad» en la idea de que uno pueda disfrutar de un festín en presencia de enemigos; incluso llega a llamar a los salmos con tales ideas «terribles o (¿nos atrevemos a decir?) despreciables».[15] Por un lado, es importante observar que la lectura de Lewis en realidad proyecta en el verso la idea de que el conflicto entre el huésped o el anfitrión

14 Bailey, *El buen pastor*, 57–58.

15 C. S. Lewis, *Reflections on the Psalms* (Londres: Fontana, 1961), 24.

y los enemigos es cosa del pasado, de modo que en el banquete el enemigo es humillado por la venganza triunfante. Pero, por supuesto, el Salmo 23:5 no dice nada de esto. ¿Y si el conflicto está en curso? ¿Y si el conflicto está llegando a su clímax? ¿Qué pasa si el huésped está, de hecho, en gran peligro por parte de sus enemigos mientras come, pero come para atraerlos y ganárselos, no para menospreciarlos o degradarlos?

Por otro lado, la contundencia de la lectura de Lewis se desvanece cuando vemos al Señor Jesús comiendo y bebiendo en presencia de Sus enemigos. No los está humillando; está tratando de darles una lección de humildad, y al hacerlo muestra Su propia humildad. Él no se regodea en ellos; Él está invitándolos. «Porque el Hijo del Hombre vino a buscar y a salvar lo que se había perdido» (Luc. 19:10). La puerta está abierta para todos. Hay una invitación lista, amplia y espaciosa para cualquiera que venga a comer y beber con Él. Todo lo que necesitas hacer es saber que estás perdido.

De modo que la mesa está tendida en presencia de sus enemigos, pero es precisamente eso: una mesa. No es un mostrador de justicia en presencia de ellos; todavía no. No es una espada. Todavía no. Es una mesa, donde Jesús está definiendo al pueblo de Dios como aquellos que lo reconocerán como el verdadero pastor de Israel, el buen pastor, el ahora presente con nosotros Emanuel, anfitrión del banquete mesiánico prometido durante mucho tiempo en los profetas y tan apasionadamente esperado por el pueblo de Dios. Una mesa, con comida y bebida, es donde se pueden sellar los pactos y formar comunión, es donde se pueden restaurar las relaciones y reconciliar a los enemigos como amigos, y es donde muchos eligen sellar su propio destino en su rechazo de Jesús. Judas salió de noche, pero salió con los pies limpios, y con pan y vino en el vientre. Dejó una mesa que un anfitrión amoroso había preparado en presencia de Sus enemigos asesinos.

Permítanme terminar este capítulo simplemente volviendo a las palabras iniciales y preguntando si ahora puedes sentir la atmósfera del Salmo 23:5 en *cómo* el Señor Jesús da la bienvenida. Ha demostrado Su completa y total suficiencia para todas nuestras necesidades, y Su magnífico amor por el pródigo más descarriado o el más vil marginado. Sus enemigos no se definen como personas que han hecho cosas malas, y Sus amigos no se definen como aquellos que han hecho cosas buenas. No, Sus enemigos son aquellos que no pueden soportar el hecho de que coma con personas que han hecho cosas malas. Personas como yo y como tú.

Su acogida es amplia y gratuita; se sella en sangre y se ofrece en pan y vino. Es un océano de generosidad en un mundo de reciprocidad obstaculizada y miserable. En palabras de Bailey, se trata de un «amor costoso». Sugiere que el significado central de una «mesa delante de mí en presencia de mis angustiadores» es este: que Jesús «me demuestra un amor costoso independientemente de quién esté mirando. Las personas hostiles a mí observarán lo que Él está haciendo y Él sabe que su hostilidad contra mí se extenderá a Él como resultado. A Él no le importa. De todos modos, ofrece ese amor».[16]

Esta es la razón por la que algunos comentaristas tienen razón, creo, al ver, en el lenguaje de la copa desbordante, no solo que el anfitrión sigue dándome, sino también una sensación de lo que se siente ser el que recibe una copa tan generosa. Si hablar de una copa rebosante es una forma de describir la provisión abundante, entonces el Salmo 23:5 también expresa cómo la vida con este anfitrión está «llena de bendición, rebosante de acción de gracias».[17]

16 Bailey, *El buen pastor*, 57.
17 Craigie, *Psalms 1–50*, 208.

En otras palabras, la atmósfera del versículo es tanto gratitud como generosidad; mejor aún, respira el tipo de gran gratitud que nace de una gran generosidad.

Como casi ninguna otra cosa, tu gratitud por Jesús será la medida de dónde estás con Él. A los que se les ha perdonado poco, aman poco. A los que se les perdona mucho, aman mucho (Luc. 7:36-50).

Como dice Harold Kushner: «Para aquellos que han cultivado el hábito de la gratitud, no importa cuán grande sea el tazón que dispongamos para recibir las bendiciones de Dios, siempre se desbordará».[18]

Spurgeon es aún mejor. Una pobre campesina partió un pedazo de pan y llenó un vaso con agua fría, y mientras lo hacía, preguntó: «¿Qué, todo esto, y Jesucristo también?».[19]

18 Harold S. Kushner, *The Lord Is My Shepherd: Healing Wisdom of the Twenty-Third Psalm* (Nueva York: Knopf, 2003), 155.

19 Harold S. Kushner, *The Lord Is My Shepherd: Healing Wisdom of the Twenty-Third Psalm* (Nueva York: Knopf, 2003), 155.

8

Qué envía

EL TÍTULO DE ESTE CAPÍTULO puede parecer un poco extraño, ya que el Salmo 23:6 habla de dos cosas que «nos siguen»: el bien y la misericordia. Entonces, ¿por qué estamos pensando sobre *enviar* aquí?

Casi sin excepción, los comentaristas de este versículo señalan que el verbo «seguir» es de hecho una traducción muy débil. Richard Briggs va tan lejos como para decir que es «la única palabra en todo el salmo que, en mi opinión, ha sido persistentemente mal traducida al inglés».[1] En cambio, en el corazón mismo de la palabra está el significado de «perseguir». El bien y la misericordia persiguen a David; no se limitan a seguirlo. La palabra es tan intensa, que a menudo se usa en escenas de combate, donde las personas son «perseguidas» hasta la muerte, pero la palabra en sí no es negativa y puede usarse de manera deliciosamente positiva e instructiva:

1 Richard S. Briggs, *The Lord Is My Shepherd: Psalm 23 for the Life of the Church* (Grand Rapids, MI: Baker Academic, 2021), 115.

Apártate del mal, y haz el bien;
Busca la paz, y síguela (Sal. 34:14).

En el Salmo 23:6, dice Briggs: «Es casi como si el versículo atribuyera tanto el albedrío como la iniciativa a estas características divinas aquí, mientras que "seguir" podría sugerir una especie de acompañamiento conmigo. En cambio, el bien y la misericordia [de Dios] son obstinados y decididos en su búsqueda».[2] Dios los ha enviado en pos de mí.

A estas alturas ya estamos muy familiarizados con este salmo que nos muestra cuán activo es el pastor hacia nosotros, y esta es otra señal de que el Señor mismo está haciendo algo extraordinario por nosotros.

Este sentido se hace más fuerte cuando consideramos los dos sujetos en la búsqueda: «bien» y «misericordia». No es casualidad que los dos se utilicen juntos aquí. Tampoco son sustantivos abstractos que podamos entender aparte de Dios, como si los dos fueran fuerzas etéreas allá afuera en el mundo; más bien son sustantivos de pacto. En Éxodo 33, cuando el Señor le dice a Moisés que ha hallado gracia ante Sus ojos y que conoce a Moisés por su nombre, Moisés pide ver la gloria de Dios. En respuesta, Dios dice: «Yo haré pasar todo mi bien delante de tu rostro, y proclamaré el nombre de Jehová delante de ti; y tendré misericordia del que tendré misericordia, y seré clemente para con el que seré clemente» (v. 19). La gloria de Dios se revela como Su bondad y Su nombre, y ambos se expresan en Su amor pactual a Su pueblo redimido: «Y pasando Jehová por delante de él, proclamó: ¡Jehová! ¡Jehová! fuerte, misericordioso y piadoso; tardo para la ira, y grande en misericordia y verdad; que guarda

2 Briggs, *The Lord Is My Shepherd*, 116.

misericordia a millares, que perdona la iniquidad, la rebelión y el pecado» (Ex. 34:6-7).

En el éxodo de Egipto, las personas rescatadas fueron perseguidas por la furia y la tiranía del faraón. En su continuo rescate del pecado, fueron perseguidos en el desierto por la bondad y la misericordia de su Señor del pacto, quien no los abandonó en su rebelión, sino que siguió abriendo el camino para que regresaran a Él. David sabe que el «bien» que lo persigue es la bondad del pacto de Dios: «Bueno eres tú, y bienhechor» (Sal. 119:68). Él sabe que la «misericordia» que le pisa los talones es la misericordia del pacto de Dios: es *kjésed*, la palabra para el amor inquebrantable de Dios. Esta es Su bondad amorosa, Su amor leal, comprometido y fiel. Con esta palabra, «no se puede exagerar la naturaleza relacional del término. Describe los deberes, beneficios y compromisos que una parte tiene con otra parte como resultado de la relación entre ellas».[3] Peter Craigie dice: «En cierto sentido, el lenguaje de Éxodo y del desierto que impregna todo el salmo llega a un punto crítico en la expresión *bondad amorosa*; el Dios del pacto, que en el pasado había expresado Su bondad amorosa a Su pueblo tan generosamente en Su redención, continuaría haciéndolo en el futuro».[4]

Una de mis películas favoritas es *The Fugitive* [El fugitivo]. Harrison Ford hace el papel del Dr. Richard Kimble, un hombre acusado injustamente y condenado a prisión por asesinar a su esposa. Kimble escapa de la custodia y termina huyendo, decidido a demostrar su inocencia y limpiar su nombre. A lo largo de todo

3 Nancy de Claissé-Walford, Rolf A. Jacobson, y Beth LaNeel Tanner, *The Book of Psalms*, The New International Commentary on the Old Testament (Grand Rapids, MI: Eerdmans, 2014), 7–8; citado en Briggs, *The Lord Is My Shepherd*, 114.

4 Peter C. Craigie, *Psalms 1–50*, Word Biblical Commentary (Grand Rapids, MI: Zondervan, 2004), 208.

el proceso, es perseguido por el personaje de Tommy Lee Jones, Samuel Gerard, un oficial de policía despiadado y decidido.

Al final de la película (alerta de *spoiler*), en el enfrentamiento, hay un momento en el que Gerard grita a través de la habitación hacia donde se esconde Kimble: «Te creo, sé que no mataste a tu esposa».

En ese momento, vemos el alivio en el rostro de Kimble. Todos sus esfuerzos han sido buenos; está reivindicado y a salvo. ¿Por qué? Porque, como resultado, el hombre que lo ha estado persiguiendo es bueno. Kimble no está siendo perseguido por un policía corrupto, sino por uno bueno, un hombre capaz de mostrar misericordia a los necesitados. Eso lo cambia todo.

Cuando lo vemos o lo experimentamos personalmente, la bondad humana puede ser realmente asombrosa. Puede ser vivificante y liberadora.

De la misma manera, el amor inquebrantable. En enero de 2022, Ron y Joyce Bond, de Milton Keynes, Inglaterra, fueron noticia por ser la pareja casada más longeva de Gran Bretaña. Ese mes estaban celebrando ochenta y un años de vida matrimonial. Tenían 102 y 100 años respectivamente. ¡Lo que más me hizo sonreír mientras leía la historia fue su relato de cómo algunas personas dijeron el día de su boda que eso nunca duraría! Miré fotos de ellos de ese día y luego los miré en su octogésimo primer aniversario de bodas, y me di cuenta de que lo que estaba viendo era amor inquebrantable. Era un amor que no había ido a ninguna parte más que a perseguir a la otra persona. Era el amor el que se quedaba, el que buscaba y el que permanecía.

En el Salmo 23 las palabras del versículo 6 cuentan la historia más hermosa. Después de todo el enfoque de *nuestro* seguir al buen pastor, ahora miramos por encima del hombro y vemos dos cosas que *nos* siguen: el bien y el amor inquebrantable. Este es el amor conyugal de Dios con el que persigue y corteja a Su pueblo. Tal búsqueda es deliciosa y honrosa para el que es así perseguido.

Es común que los predicadores imaginen aquí el «bien» y la «misericordia» como si fueran dos perros pastores del pastor moderno, enviados por él para traer el rebaño desde la retaguardia. Spurgeon imagina «grandes ángeles de la guarda» que «siempre estarán conmigo para guardar mis espaldas y a mi entera disposición».[5] Dale Ralph Davis los considera como «dos agentes especiales» y «amados habitantes» cuyos intentos de alcanzar, asaltar y perseguir a David son una fuente de inmenso consuelo para él.[6] A pesar de lo poderosas que son todas estas imágenes, creo que el texto pretende comunicar algo aún más maravilloso: estas palabras son otra forma de decir que el Señor *mismo* nos está persiguiendo. Son Sus atributos divinos, sí, pero el hecho de que funcionen como el sujeto conjunto del verbo apunta a su personificación como una forma de enfatizar que estas palabras nos revelan al Señor del pacto mismo. De la misma manera que las palabras «Envía tu luz y tu verdad; estas me guiarán» (Sal. 43:3) es la manera que tiene el salmista de pedirle a Dios mismo que lo conduzca a Su santa morada, así es aquí. Porque Dios es Sus propios atributos. Dios no tiene bondad ni amor que pueda despachar; Él *es* bondad y amor. Dios envía estos atributos tras nosotros como una forma de darse a nosotros, «... Mi presencia irá contigo, y te daré descanso» (Ex. 33:14). Por lo tanto, cuando juntamos la belleza de estos sustantivos y la intensidad del verbo con el sentido de que Dios se propone deliberadamente que lo experimentemos en nuestras

5 Charles Spurgeon, *The Treasury of David*, 3 vols. (Peabody, MA: Hendrickson, 1988), 1:356.

6 Dale Ralph Davis, *Slogging Along in the Paths of Righteousness: Psalms 13–24* (Fearn, Ross-shire, Escocia: Christian Focus, 2014), 171.

vidas a través de Su bondad y Su amor inquebrantable, el efecto combinado es la hermosa realidad que es el Señor mismo quien persigue a Su pueblo.

Estamos en el versículo final del Salmo 23, leyendo sus últimas líneas. Es hermoso observar que (si incluimos el título) la tercera palabra del salmo en hebreo es «Jehová» (v. 1) y la antepenúltima palabra es «Jehová» nuevamente (v. 6), las únicas dos veces que se usa el nombre divino en el salmo. Esto significa que el Señor del pacto abarca literariamente toda esta canción, al mismo tiempo que alaba al Señor del pacto por abarcar literalmente toda nuestra vida.[7] La forma del texto coincide maravillosamente con el contenido del texto. En los versículos 1-3 el pastor está delante de nosotros, guiándonos; en el versículo 4 Él está con nosotros, escoltándonos a través del desierto y luego hospedándonos en Su presencia (v. 5); y ahora, en el versículo 6, Él está detrás de nosotros, enviando Su bondad y Su amor para alcanzarnos por detrás.

Estoy seguro de que has visto una escolta policial de algún importante dignatario, en la que algunos vehículos blindados van por delante y otros los siguen, con la persona especial en el medio, y por lo general también hay escoltas policiales a ambos lados. ¿Hay alguna forma más segura de viajar? Seguridad total, protección perfecta, provisión completa: delante, al lado y detrás. El sentido del Salmo 23 es exactamente el mismo que el del Salmo 139:

> Detrás y delante me rodeaste,
> Y sobre mí pusiste tu mano (v. 5).

7 Este punto es de mi hermano Jonathan Gibson, «The King of Love My Shepherd Is», un sermón sobre el Salmo 23 predicado en la capilla del Westminster Theological Seminary, 6 de abril de 2022, https://www.youtube.com/.

Pero ahora veamos algo más que eleva estas palabras a un panorama impresionante. Fíjate en el modificador con el que comienza el versículo: «Ciertamente». Briggs tiene razón al decir de esta traducción que «hay un indicio de recoger los primeros versos del poema»[8] de modo que es una forma de resumir los efectos que sin duda seguirán a la estela del pastoreo y la acogida del Señor. «Ciertamente» es una palabra intensa y afirmativa: esto definitivamente sucederá.

Pero me pregunto si esto penetra lo suficientemente hondo como para comprender la profundidad de lo que David está afirmando acerca del cuidado de este pastor. De hecho, la misma palabra puede traducirse como «solo». Traducido así, tiene un sentido restrictivo (que necesariamente incluye el sentido intensivo) pero va más allá y dice más.

El significado es que David está mirando por encima del hombro a todo lo que ha sucedido antes, y es capaz de confesar que puede ver la bondad y el amor inquebrantable de Dios en cada circunstancia de la vida, tanto en el valle de sombra de muerte como en los delicados pastos y las aguas tranquilas. «En todo lo que me sucede», dice básicamente David, «*solo* veo Su bien y Su bondad amorosa». Como reconocen los comentaristas que ofrecen esta traducción, simplemente, «La expresión es notable».[9] Es una asombrosa confesión de fe que las escenas cambiantes de la vida, que están llenas de maldad, dolor y sufrimiento, nunca indican un Dios malo. Más bien, en todo lo que sucede, a pesar de todo lo que sucede, aquellos que son guiados por el pastor y caminan con el pastor todos los días de sus vidas pueden ver que Dios solo es

8 Briggs, *The Lord Is My Shepherd*, 113.

9 C. F. Keil y F. Delitzsch, *Commentary on the Old Testament*, vol. 5, *Psalms* (Peabody, MA: Hendrickson, 1996), 209; Dale Ralph Davis provee la misma traducción en *Slogging Along in the Paths*, 171.

bueno y solo siempre ama a Sus ovejas todo el tiempo. En palabras de Davis: «Hay una cierta química en la fe creyente que puede combinar los hechos crudos con una fe optimista».[10]

Solo haz una pausa para sentir la intensidad de esto. La intensidad no está solo en el círculo que traza alrededor de todo lo que sucede, sino también en la línea que traza a través de todo lo que sucede: el Señor es «solo» así «todos los días de mi vida» (Sal. 23:6). Todos. Cada día. Siempre. No tiene días libres ni días a medias. No hay días en los que, en lugar de perseguir, se entretenga en Su bondad o se olvide de perseguir en Su misericordia. No hay días en los que deje caer la pelota y envíe maldad y odio en lugar de bondad y amor. «Bueno eres tú, y bienhechor» (Sal. 119:68).

Si alguna vez has tenido una acalorada discusión con un familiar cercano, entonces te has oído decir, o le has oído decir: «Tú *siempre* haces esto y aquello». Por lo general, es un signo revelador de que todo sentido de la proporción y el equilibrio se ha perdido en el calor del momento. ¡Tal lenguaje indica que haríamos bien en retirarnos para calmarnos y recuperar la perspectiva!

«Siempre estás haciendo esto... siempre estás haciendo aquello... *siempre*».

Pero, querido amigo que estás leyendo esto, ¿puedes ver lo que David está diciendo? Está usando este tipo de lenguaje acerca de Dios, pero al revés. Es intenso, es personal, es muy directo al decirle a Dios lo que siempre hace, pero es lo contrario de un arrebato acalorado. En cambio, es una canción de amor: «Tú, Señor, *siempre* haces esto: siempre eres bueno conmigo, siempre eres solo misericordioso conmigo. Lo he echado a perder tantas veces y, sin embargo, cada vez que me doy la vuelta, solo veo Tu bien y Tu amorosa bondad persiguiéndome de cerca».

10 Davis, *Slogging Along in the Paths*, 171.

¿No es increíble? Imagínate por un momento diciéndole a alguien, no «siempre te equivocas», sino «siempre lo haces bien». ¿Qué clase de persona debe ser alguien para que eso sea cierto? «Nunca haces nada malo, nunca cometes injusticia, siempre eres misericordioso, siempre eres fiel, siempre compasivo, siempre perdonador, siempre amable». Es tan hermoso. El amor humano inquebrantable, ochenta y un años de amor, pueden ser asombrosos. Pero ¿puedes aceptar ser perseguido por Dios mismo, por la bondad del Señor de la zarza ardiente, por el amor inquebrantable del Señor Jesús, nuestro buen pastor? Solo hay bondad y misericordia porque esto es lo que Dios mismo es.

(Esto, por cierto, es una lección para nosotros los pastores. Cuando empuñamos la vara o extendemos el cayado y volvemos a traer a las ovejas, cuando las ovejas miran hacia atrás por encima de sus hombros, necesitan ver la bondad y la misericordia en la forma en que las hemos guiado. Muchos pastores se preguntan por qué las ovejas se enfurecen ante nuestra atención pastoral, pero tal vez se sienten perseguidos más por la exasperación del pastor asistente que por la bondad amorosa del pastor principal).

Sin embargo, debemos tener en cuenta las asombrosas implicaciones de esta palabra «solo». ¿Puede ser verdad que «solo» la bondad y el amor inquebrantable me siguen? ¿Realmente? En mi vida, y en la tuya, estoy seguro, a menudo parece que hay muchas cosas que no son buenas y que no son amorosas, y esas cosas parecen estar ganando.

¿Es posible creer en este «solo» y vivir con esta esperanza? Tiemblo mientras escribo estas líneas, y algunos de nosotros temblaremos al leerlas. Tal vez en este momento te encuentres en el reino de las realidades crudas y brutales que han devastado tu vida, y parece imposible creer que alguna vez puedas combinarlas con una «fe optimista». Muerte. Enfermedad. Heridas. Esterilidad.

Dolor. Estás justo ahí, en el valle de sombra de muerte. La oscuridad parece tu amiga más cercana, tu única amiga; el desconcierto y la perplejidad te persiguen. La bondad y la misericordia no se ven por ninguna parte, y mucho menos son las cosas que «solo» se ven.

Permíteme decir, mientras luchamos con esta teología, que, si tu propia experiencia actual no puede manejar esta perspectiva, tómate el tiempo para notar el punto de vista del invitado aquí en el versículo 6: el bien y la misericordia lo están persiguiendo. Él está avanzando, y ellos están *detrás* de él. A veces, solo cuando miramos hacia atrás a los acontecimientos, podremos ver en ellos la bondad y el amor inquebrantable del Señor. Si no puedes sentirlo ahora, el Señor todavía está contigo en el valle. Él seguirá caminando contigo sin falta todos tus días, y un día puede ser que mires hacia atrás a la peor de las experiencias, al más terrible de los tiempos, a los valles oscuros más profundos, y puedas decir: «Lo veo ahora: el bien y la misericordia de Dios nunca me abandonaron, ni siquiera entonces».

Muchos comentaristas sugieren que la propia experiencia de David nos lo enseña. Un asunto sórdido, el incesto, el asesinato, la guerra civil y la muerte de sus hijos, no debemos subestimar la experiencia vivida en el desierto por el hombre ordinario que escribió este salmo. «Tal vez algo del bien estaba detrás de él, protegiéndolo, pero David eligió apartarse de él. Sin embargo, al mirar hacia atrás, podía recordar vívidamente el bien que lo siguió».[11]

La experiencia vivida no tiene por qué ser la única lente de nuestras circunstancias. También es posible en la vida de fe llegar a una convicción vivida de «que a los que aman a Dios, todas las

11 Kenneth E. Bailey, *El buen pastor: Un viaje de mil años desde el Salmo 23 hasta el Nuevo Testamento* (Londres, SPCK, 2015), 61.

cosas les ayudan a bien» (Rom. 8:28). Esta convicción no borra el dolor en el momento, pero puede anclarlo y proporcionar un punto de brújula en el valle mientras elevamos nuestro dolor a Dios. Dale Ralph Davis ilustra la verdad del Salmo 23:6 de la siguiente manera:

> En el verano de 1680, Alan Cameron, un *covenanter*, estaba en prisión en Edimburgo y no sabía que su hijo Richard había muerto en la batalla de Airds Moss. Un soldado abrió la puerta y arrojó una cabeza ensangrentada y dos manos, y gritó: «¿Sabes de quién son?» Cameron tomó las sangrientas piezas sobre sus rodillas y las sostuvo. «Sí», dijo, «son de mi hijo, de mi querido hijo». Y luego continuó: «Bueno es el Señor, que nunca pudo hacerme daño ni a mí ni a los míos, y ha hecho que el bien y la misericordia me sigan todos los días de mi vida». Puede que nuestras mentes se esfuercen mucho, pero los valles (v. 4) y los enemigos (v. 5) y aparentemente las partes del cuerpo no niegan la verdad del versículo 6a.[12]

También hay ejemplos de esto en tiempos más cercanos. La Dra. Helen Roseveare fue una misionera médica británica en el Congo Belga con la Misión Corazón de África en las décadas de 1950 y 1960. En 1964, en medio de una guerra civil congoleña, fue brutalmente golpeada y violada. «En esa noche espantosa, golpeada y magullada, aterrorizada y atormentada, indeciblemente sola, sentí que por fin Dios me había fallado. Seguramente Él podría haber intervenido antes, seguramente las cosas no tenían que haber ido tan lejos. Había llegado a lo que parecía ser la última profundidad

12 Davis, *Slogging Along in the Paths*, 171.

de la desesperante nada».[13] Estas son palabras con las que cualquiera podría identificarse en semejante trauma.

Y, sin embargo, su experiencia vivida también fue moldeada por la convicción viva:

> A través de la brutal y desgarradora experiencia de la violación, Dios se encontró conmigo, con los brazos extendidos de amor. Fue una experiencia increíble: Él estaba tan absolutamente allí, tan totalmente comprensivo, Su consuelo era tan completo, y de repente supe, realmente supe que su amor era indeciblemente suficiente. ¡Él sí me amaba! ¡Él sí lo entendió![14]

¿No nos parece imposible que en una ocasión como esta Dios pueda estar persiguiendo a una de Sus ovejas? Pero es evidente si lees la historia de la vida de Roseveare, que su sentido de lo que Dios está buscando en una persona, y lo que Él quiere hacer con y a través de esa persona, es mucho más profundo y mucho más intenso de lo que a menudo nos conformamos para nosotros mismos.

> Una palabra se volvió increíblemente clara, y esa palabra era privilegio. No quitó el dolor, ni la crueldad, ni la humillación. ¡No! Todo estaba allí, pero ahora era completamente diferente. Estaba con Él, para Él, en Él. De hecho, me estaba ofreciendo el inestimable privilegio de compartir de alguna manera el borde de la comunión de Su sufrimiento. En las

13 Justin Taylor, «A Woman of Whom the World Was Not Worthy: Helen Roseveare (1925–2016)», TGC (blog), 7 de diciembre de 2016, https://www.thegospelcoalition.org/.

14 Taylor, «A Woman of Whom the World Was Not Worthy».

> semanas de encarcelamiento que siguieron y en los años subsiguientes de servicio continuo, mirando hacia atrás, uno ha tratado de «calcular el costo», pero lo encuentro todo absorbido por el privilegio. De repente, el costo parece muy pequeño y transitorio en la grandeza y permanencia del privilegio.[15]

No comparto esta historia para sugerir que cada uno de nuestros valles siempre conducirá exactamente al mismo encuentro con Dios que experimentó Helen Roseveare. Pero sí quiero sugerir que ella es parte de un coro de testigos fieles, que se remontan a través de la historia de la iglesia, a las páginas de las Escrituras hasta el rey David, y más allá de él en la historia de la redención, que nos proclaman en nuestro dolor que el pastor no nos ha abandonado. Cada uno de ellos nos enseña que Dios está llevando a cabo Sus propósitos soberanos para nuestras vidas perfectamente de acuerdo con lo que Él es como el gran «Yo soy», nuestro Señor de la fidelidad del pacto.

Esta es la historia de la Biblia. Jacob, uno de los sinvergüenzas de las Escrituras, que conoció tanto dolor y angustia en su propia vida a través de su propio pecado y los pecados de otros, todavía confiesa al final: Dios «ha sido mi pastor toda mi vida hasta este día» (Gén. 48:15, NBLA). Es notable que la primera referencia a Dios como pastor en la Biblia es personal antes de ser comunitaria. Piensa en José, Moisés, Ana, Noemí, Rut y David, por nombrar solo algunos en la gran historia de la redención. Pregúntales a los creyentes que han pasado por el valle más oscuro, el horno de fuego,

15 Taylor, «A Woman of Whom the World Was Not Worthy». La autobiografía de la Dra. Helen Roseveare está disponible en dos volúmenes, *Give Me This Mountain* (Fearn, Ross-shire, Escocia: Christian Focus, 2012) y *He Gave Us a Valley* (Fearn, Ross-shire, Escocia: Christian Focus, 2013).

las aguas profundas, pregúntales cómo fue, y cada uno de ellos te dirá: «El Señor estaba conmigo».[16]

El Señor está contigo.

En el funeral de mi sobrina, Leila Judith Grace, que vino al mundo muerta, cantamos un himno glorioso que algunos atribuyen a Juan Calvino: «Te saludo, quien mi redentor seguro eres». Contiene este hermoso verso:

> Tú tienes la verdadera y perfecta mansedumbre,
> no tienes dureza ni amargura;
> haznos gustar la dulce gracia que se halla en ti
> y permanezcamos siempre en tu dulce unidad.[17]

Como mi hermano y su esposa han mencionado a menudo desde la muerte de Leila, a veces estas cosas se contemplan mejor mediante un silencio reverente y paciente, ya que reconocemos que la verdadera y perfecta mansedumbre del pastor nos persigue por una dolorosa providencia. A veces, con Job, necesitamos aprender a taparnos la boca y esperar en Dios, no sea que acusemos al pastor de amarga dureza hacia Sus ovejas.

A veces, estas cosas se cantan mejor a través de las lágrimas y se cantan por fe en la noche, no por vista.

Pero cada vez la confesión de fe es la misma: el Señor es bueno, y solo siempre es bueno. Y en todos Sus caminos, con todo Su pueblo, solo envía bien y misericordia.

16 Gibson, «The King of Love My Shepherd Is».
17 https://hymnary.org/.

9

A dónde invita

ESCRIBO ESTAS PALABRAS desde un lugar remoto en las Tierras Altas de Escocia, donde me he escondido en un retiro de escritura. El paisaje es impresionante, el alojamiento es hermoso y la provisión que se ha hecho para mí es más generosa de lo que podría haber imaginado. Tengo todo lo que necesito.

Y, sin embargo, quiero volver a casa.

Han pasado varios días, y por mucho que haya disfrutado del nuevo entorno y el placer de conocer nueva gente, no estoy con las personas que más amo en el lugar que aprecio.

No estoy en casa.

Si es cierto que «tú estarás conmigo» (Sal. 23:4) es el corazón de toda la Biblia en pocas palabras, entonces también es cierto que en las palabras finales del Salmo 23 tenemos el clímax de toda la historia de la Biblia expresado en una hermosa confesión de fe final:

> Y en la casa de Jehová moraré por largos días (v. 6).

Este es el «estar con» supremo. Este es el drama de las Escrituras, y es la invitación personal de nuestro pastor-anfitrión: Él viene a estar con nosotros (v. 4) para que podamos ir y estar con Él (v. 6). Nos invita a morar con Él donde Él habita y a estar allí con Él para siempre. Como bien dice Richard Briggs, aquí ahora, por fin, «el salmo llega a una certeza que trasciende las imágenes inmediatas del poema».[1]

Ocasionalmente he estado en hermosas casas con anfitriones generosos, o en bonitos hoteles donde experimento un trato revitalizante como huésped. Pero siempre llega el día en que tengo que irme. El hotel tiene una comida encantadora y habitaciones agradables, pero la realidad es que el establecimiento me trata bien porque yo lo trato bien con el dinero. Detén el dinero y la bienvenida se retirará abruptamente. Me tratan bien porque lo pago, no porque me quieran. Incluso en la bonita casa del generoso anfitrión, somos amigos, sí, pero no somos familia. Solo estoy de visita allí; yo no vivo allí.

En el Salmo 23:6, David nos saca de todos nuestros días de seguir adelante con el pastor frente a nosotros y de todos nuestros días de mirar hacia atrás y ver Su bondad y misericordia detrás de nosotros. Hemos estado cercados a salvo a lo largo de los caminos y en los valles, pero ahora él afirma con audaz confianza que vamos a llegar hasta la casa del pastor. Y al entrar escucharemos: «Ahora estás conmigo. Estás en casa. Bienvenido. Esto es. Cuelga tu sombrero. Aquí es donde vivirás para siempre».

Hay cierto debate en cuanto al significado de la frase «por largos días» en el versículo. Literalmente significa «por la longitud de los días», y por eso algunos cuestionan el sentido de la duración

1 Richard S. Briggs, *The Lord Is My Shepherd: Psalm 23 for the Life of the Church* (Grand Rapids, MI: Baker Academic, 2021), 124.

sin fin, la idea de una vida después de la muerte. Tal vez David simplemente está diciendo que aquí es donde estará mientras viva. Pero creo que es mejor leer «largos días» no solo como sinónimo de «todos los días de mi vida» de la línea anterior, sino como intensificación de esa duración. En Salmos 21:4 y 93:5 y Lamentaciones 5:20, la frase «largos días» se usa claramente con el sentido de «para siempre» en formas que asociamos con la vida sin fin. Muchos comentaristas presentan argumentos convincentes de por qué eso parece estar a la vista aquí.[2] Cuando vivamos con el Señor, nunca tendremos que mudarnos. Nunca terminará.

Quiero suplicar tu indulgencia por última vez en este capítulo más corto para considerar la otra nota al pie de página en el versículo y ver las riquezas que presenta ante nosotros. Verás que nuestra línea final podría traducirse como «y *volveré a morar* en la casa del Señor para siempre». Hay muy buenas razones para esta traducción, y quiero recomendártela a medida que vamos terminando este libro juntos. Porque se las arregla en pocas palabras para capturar tanto la historia bíblica como ese sentido que describí unas líneas más arriba sobre cómo mi ubicación actual no es mi hogar. ¿Por qué tengo este anhelo por un lugar en particular?

Los seres humanos son dispositivos de seguimiento que caminan y hablan. Nuestros sistemas integrados de navegación por satélite están conectados a personas y lugares, y a personas y lugares específicos a los que buscamos regresar. ¿De dónde viene esto y por qué este deseo puede ser tan intenso?

Creo que así es como Dios nos hizo. Fuimos creados para tener comunión con Dios; el objetivo de nuestra existencia es morar con

2 Así Dale Ralph Davis, *Slogging Along in the Paths of Righteousness: Psalms 13–24* (Fearn, Ross-shire, Escocia: Christian Focus, 2014), 172; y véase especialmente Briggs, *The Lord Is My Shepherd*, 125–27.

Él. Esta hermandad, como sabemos muy bien, ha sido fracturada por la caída y el capricho de nuestra rebelión y pecado, pero ninguna de estas calamidades ha tenido éxito en borrar el diseño original. Nuestro GPS ahora está defectuoso; no conocemos el camino de regreso a Dios por nosotros mismos, y no siempre queremos encontrarlo, de hecho, a menudo todo lo contrario, pero nada de eso elimina nuestra profunda necesidad innata de relacionarnos con nuestro Creador. Como dijo San Agustín: «Nos mueves a deleitarnos en alabarte; porque nos has hecho para ti, y nuestros corazones están inquietos hasta que descansen en ti».[3]

Esta es una confesión de fe sobre el retorno. Es un reconocimiento de que los seres humanos pertenecen a Aquel que los hizo, independientemente de a donde más pertenezcamos. Creo que es por eso por lo que cada sentido de pertenencia es un eco de las señales profundas del sonar del corazón por nuestro verdadero hogar eterno. Y el Salmo 23 es un canto de alabanza al Dios que ha venido a buscarnos y llevarnos a casa. El viaje es largo, por lo que necesitamos un pastor; es peligroso, por lo que necesitamos un compañero; y es agotador, por lo que necesitamos un anfitrión. Pero el viaje siempre ha tenido un destino final en mente: la restauración del regreso a la casa del Señor.

Al escribir este libro, descubrí que mi versión favorita del Salmo 23 cantado, que se imprime después de este capítulo: «The King of Love My Shepherd is» [«El rey del amor es mi pastor»], contiene un verso que consideraríamos bastante inusual si solo siguiéramos las traducciones estándar al inglés del salmo. ¿Alguna vez has notado esto antes?

Perverso e insensato me he extraviado,
pero en su amor me buscó;

3 San Agustín, Confesiones 1.1.1, New Advent, https://www.newadvent.org/.

y sobre su hombro me cargó suavemente,
y a casa, regocijado, me trajo.[4]

Eruditos como Kenneth Bailey señalan que, de hecho, esta es una hermosa traducción de lo que muchos consideran la mejor traducción del Salmo 23:3, que nosotros tomamos como «Confortará mi alma». Sin embargo, una traducción literal de la palabra «confortar» podría ofrecer este significado: «Él hace que mi alma regrese». Bailey presenta un caso muy persuasivo de que el mejor sentido de los versículos 1-3 es que la oveja en realidad se ha desviado de los caminos correctos, y el trabajo cercano del pastor aquí es encontrar, buscar y devolver personalmente a la oveja a donde pertenece. El sentido podría incluso ser: «Él hace que mi alma se arrepienta». Como dice W. S. Plumer: «La restauración del andar errante parece haber sido, con mucho, la idea más común adjunta a esta cláusula».[5] El cuadro es tan hermoso: la oveja está descarriada, pero el pastor está vigilante. Somos propensos a extraviarnos, pero Él está preparado para observar y recuperar cuando lo hacemos.[6]

Viéndolo de esta manera, podemos ver cuán profundamente se conecta el Salmo 23 con la historia del buen pastor en Lucas 15:1-7, y las historias siguientes de una moneda perdida (Luc. 15:8-10) y dos hijos perdidos (Luc. 15:11-32). Jesús ha venido a buscar y salvar a los perdidos, a encontrar a los perdidos

4 H. W. Baker, rev. The Jubilate Group © 1982 The Jubilate Group (Admin. Hope Publishing Company, www.hopepublishing.com). Todos los derechos reservados. Usado con permiso.

5 William S. Plumer, *Psalms: A Critical and Expository Commentary with Doctrinal and Practical Remarks* (Edimburgo: Banner of Truth, 1975), 311.

6 Jonathan Gibson, «The King of Love My Shepherd Is», un sermón sobre el Sal. 23 predicado en la capilla de Westminster Theological Seminary, 6 de abril de 2022, https://www.youtube.com/.

y a devolver a los descarriados a la restauración por medio del arrepentimiento. Esta es la historia de la Biblia. Es el evangelio: que Dios amó tanto al mundo que envió a Su Hijo a pastorear las ovejas perdidas de Israel (Mat. 15:24) y, más que eso, a llamar a otros que no eran de ese rebaño a venir y entrar en Su redil (Juan 10:16; 17:20-26).

Pensemos de nuevo en aquel pastorcillo que murió solo en la tormenta de nieve en las Tierras Altas escocesas. Sí, estaba perdido, pero Jesús lo encontró. El buen pastor se le acercó esa noche, lo recogió y lo llevó a casa.[7] Si has perdido a tus seres queridos en Cristo en la mortaja de la muerte, debes saber que no están perdidos para Jesús. Él sabe dónde están y cómo encontrarlos. Él vendrá a buscarlos y los traerá a casa. Si los que amas en Cristo han caído, Él los levantará y los pondrá suavemente sobre Su hombro. Él hará que todas Sus ovejas perdidas regresen. Nunca debemos olvidar que el pastor al que pertenecemos es el Señor de la zarza ardiente, cuya fuerza inquebrantable proviene de Su propia existencia y el alcance de Su cuidado interminable de Su autosuficiencia. No es capaz de perder ninguna de Sus ovejas de Su redil. Él ha vencido a nuestros más grandes enemigos del pecado y de la muerte al entrar en el valle de sombra de muerte, ser abandonado por Su Padre, y tener solo la copa de la maldición para beber, no la copa de la bendición. En la cruz tuvo sed; Su copa no se desbordó. Y, sin embargo, después de haber soportado la muerte, emergió del otro lado, victoriosamente vivo, y ahora está guiando a Su pueblo a casa. «En la casa de mi Padre muchas moradas hay [...] Y si me fuere y os preparare lugar, vendré otra vez, y os tomaré a mí mismo, para que donde yo estoy, vosotros también estéis» (Juan 14:2-3).

7 Gibson, «The King of Love My Shepherd Is».

Esto significa, entonces, que este hermoso salmo no es solo la historia del viaje diario de una oveja, fuera del redil por la mañana, haciendo lo suyo en los pastos y los valles, y luego regresando a salvo a casa con el pastor al anochecer. Es la historia, en última instancia, de cómo desde la caída de nuestros primeros padres en el Edén, fuimos exiliados del jardín, la morada del Señor, de modo que el pueblo de Dios necesitó una salvación de éxodo que nos llevara de la tierra del pecado y la esclavitud a la tierra prometida. En esa tierra, sin embargo, repetimos nuestra rebelión y no solo destrozamos un jardín perfecto, sino que, esta vez, arruinamos una tierra que manaba leche y miel; y así continuó el patrón. Exiliado una vez más en la esclavitud, el pueblo de Dios necesitó una nueva salvación de éxodo para restaurarnos a la tierra prometida. Es cierto que el regreso del exilio trajo la liberación, sí, pero no fue completa; no fue total; no parecía contener *todo* lo que los profetas habían prometido. Desde el principio de los tiempos hemos estado anhelando regresar a casa, y ese regreso es posible solo por la venida del Señor Jesús, el verdadero buen pastor que llegó para guiarnos a casa.

Este hogar al que regresamos es el Edén restaurado; pero más que esto, también es el Edén recalibrado a proporciones cósmicas.

El Edén fue la primera morada de Dios en la tierra con nosotros. Fue la primera casa donde Dios y el hombre vivieron juntos en perfecta comunión. Desde entonces, cada morada de Dios en la tierra ha sido modelada según el Edén: el tabernáculo y luego el templo se construyeron como santuarios de jardín con paredes decoradas con imágenes edénicas de árboles, flores y piedras preciosas. El tabernáculo y el templo tenían dentro de ellos la morada suprema, «el lugar santísimo» (o «Lugar Santísimo», NBLA), pero sorprendentemente, al final, en el libro de Apocalipsis, no se encuentra un «lugar santísimo». Está ausente en la gloriosa visión de Apocalipsis de la morada de Dios en el tiempo del fin. La razón de esto es simplemente impresionante: el lugar santísimo, un cubo perfecto cuyo piso, paredes y techo estaban hechos de oro, ahora se ha expandido para llenar toda la nueva tierra como una ciudad hecha de «oro puro» (Apoc. 21:18) y cuadrada en sus dimensiones. El oro del Edén, reutilizado en los lugares santísimos del tabernáculo y del templo, ha llenado ahora toda la tierra para contar la historia evangélica de que «la presencia especial de Dios, antes limitada al lugar santísimo, ahora ha estallado para abarcar toda la tierra».[8] Esta es la razón por la que la ciudad santa, la nueva Jerusalén, desciende del cielo para ser el lugar donde Dios morará con nosotros: «...He aquí el tabernáculo de Dios con los hombres, y Él morará con ellos; y ellos serán su pueblo, y Dios mismo estará con ellos como su Dios» (Apoc. 21:3).

Esta es la casa del Señor.

Tenemos un anhelo por este tipo de casa gloriosa y este tipo de alegre reunión de regreso a casa a un nivel muy profundo, creo, porque sabemos lo que es vivir entre las ruinas de este mundo. Las casas sencillas pueden ser los palacios más felices de la tierra si están llenas de amor y vida, o pueden ser los calabozos más horribles cuando están invadidos por conflictos o dolor. El Salmo 23 resuena tan profundamente en nosotros porque habla de este anhelo de que todos estén bien y lleguen, por fin, a un lugar de acogida sin reservas y de belleza y perfección sin mancha. Así que vivimos con Cristo, nuestro pastor, en medio de la tensión de la vida, el ahora y el todavía no de su gobierno perfecto. Por ahora, no estamos en casa, pero nos dirigimos hacia allí porque Él nos está guiando.

8 G. K. Beale, *The Temple and the Church's Mission: A Biblical Theology of the Dwelling Place of God* (Nottingham: Inter-Varsity Press, 2004), 370.

George MacDonald escribió estas hermosas palabras a Lady Mount-Temple tras la muerte de su marido en 1888:

> Estamos en una casa con ventanas por todos lados. A un lado el dulce jardín es pisoteado y desgarrado, las hayas derribadas, la fuente rota; te sientas y miras hacia afuera, y todo es muy miserable. Cierra la ventana. No me refiero a olvidar el jardín tal como era, sino a no meditarlo tal como es. Abre la ventana del otro lado, donde las grandes montañas se disparan hacia el cielo, y las estrellas que salen y se ponen, coronan sus picos. Bajo esas escaleras busca los pies descendentes del Hijo del Hombre que viene a consolarte. Este mundo, si estuviera solo, no valdría mucho: ya sería miserable; pero es el pórtico de la casa del Padre, y Él no espera que seamos completamente felices, y sabe que a veces debemos ser muy infelices hasta que lleguemos allí: nos estamos acercando.[9]

No estás viajando solo a algún lugar con tu pastor. Tu éxodo no es un vagabundeo sin rumbo en tierra salvaje. Estás en el pórtico de tu Padre.

Estás yendo a la casa del Señor.

Te diriges a casa.

> Llévanos, oh Señor Dios, a nuestro último despertar en la casa y la puerta del cielo, para entrar por esa puerta y morar en esa casa, donde no habrá tinieblas ni resplandor, sino una luz igual; sin ruido ni silencio, sino una música igual; sin temores ni esperanzas, sino una posesión igual; sin fines ni

9 Citado en Glenn Edward Sadler, «Defining Death as "More Life": Unpublished Letters by George MacDonald», *North Wind: A Journal of George MacDonald Studies* 3 (1984): 13-14.

principios, sino una eternidad igual; en las moradas de tu gloria y dominio, por los siglos de los siglos.[10]

El Rey de amor es mi pastor,
cuya bondad nunca me falla;
nada me falta si soy suyo
y Él es mío para siempre.

Donde fluyen corrientes de agua viva,
un alma redimida, Él me guía;
y donde crecen los pastos más ricos,
con comida del cielo me alimenta.

Perverso e insensato me he extraviado,
pero en Su amor me buscó;
y en su hombro suavemente me puso,
y a casa, regocijado, me llevó.

En el oscuro valle de la muerte no temo ningún mal
contigo, querido Señor, a mi lado;
tu vara y tu cayado aún me confortan,
tu cruz delante para guiarme.

Ofreces un banquete a mis ojos
de gracia más allá de todo conocimiento;

10 De *Daily Prayer*, ed. Eric Milner-White y G. W. Briggs (Harmondsworth, UK: Penguin, 1959), http://assets.newscriptorium.com/collects-and-prayers/daily_prayer.htm; basándose en las palabras de John Donne, sermón 146, sobre Hech. 7:60, predicado en Whitehall, 29 de febrero de 1627.

y ¡Oh, la maravilla y el deleite
de tu cáliz puro fluye!

Y así, a través de toda la longitud de los días,
tu bondad nunca me falla:
¡Buen Pastor, que cante tus alabanzas
dentro de tu casa para siempre!

H. W. Baker, rev. The Jubilate Group

Reconocimientos

MI MAYOR DEUDA EN LA TIERRA es con las dos familias que rodean mi vida. Está la familia de mi esposa, Ángela, con mis hijos, Archie, Ella, Sam y Lily, y mis padres, que hacen mucho por nosotros. Y está la familia de la Iglesia Trinity, en Aberdeen. Mi primera familia hace posible la escritura; mi segunda familia hace que escribir sea placentero. El estímulo de la familia de Trinity cuando este material se les presentó por primera vez en forma de sermón me impulsó a escribirlo en forma de libro.

Me ayudó mucho un sermón sobre el Salmo 23 predicado por mi hermano Jonathan cuando era ministro de la Iglesia Presbiteriana de Cambridge. Algunas de sus ideas se utilizan aquí, y estoy particularmente en deuda con él por su ayuda con el hebreo del salmo. Posteriormente, Jonathan volvió a predicar sobre el Salmo 23 después de que yo lo hiciera, y hemos compartido libremente citas, ilustraciones y nuestra comprensión en desarrollo del texto hasta el punto que, en algunos lugares, ahora no podemos recordar quién vio o dijo algo primero, excepto cuando, si era realmente bueno, obviamente era mío. Sin embargo, he tratado de dar crédito a su material en cada punto donde ha sido apropiado.

Hannah McEwan agregó «asistente de investigación» al ya variado papel de ser una aprendiz de ministerio en Trinity, y demostró ser de gran ayuda tanto con los materiales como con la excelente retroalimentación. Un agradecimiento especial a la familia MacKenzie por la amabilidad de cinco días fructíferos en «The Writer's Loft» en Geanies House en la hermosa Fearn, Ross-shire.

Es un placer dedicar este libro a Drew Tulloch, un pilar de la vida de Trinity, en su papel de nuestro coordinador musical. Durante más de cuatro décadas, los dones musicales de Drew, junto con su sensibilidad espiritual y su abnegación personal, han servido al pueblo de Dios en Aberdeen para nuestro inmenso deleite y beneficio. Las congregaciones de las iglesias St. Devenick, Gilcomston South, High Church Hilton y Trinity han sido inconmensurablemente bendecidas, sucesivamente, por el aporte de Drew enriqueciendo la adoración comunitaria con excelente música y su cuidado y tutoría de otros músicos y escritores de himnos. He valorado su piedad, amistad y sabiduría más de lo que puedo decir.

Una de mis oraciones por Drew se hace eco de la del asistente de estudio de John Stott, quien firmó una carta al «tío John» con las palabras: «Por favor, vive para siempre». Drew, sin duda, será el primero en decir que espera que el Señor no responda a esa oración de la manera que yo deseo. Así que, en lugar de una respuesta improbable a la oración, este libro está dedicado a él con sincero agradecimiento, y con mis oraciones por él y Fiona, junto con su hijo David, para que la presencia cercana del Pastor y el refrigerio continuo del Salmo 23 sean su porción por largos días.

Índice general

Índice de Escrituras